ISBN 978-0-259-60007-7
PIBN 10638522

1 MONTH OF FREE READING

at
www.ForgottenBooks.com

By purchasing this book you are eligible for one month membership to ForgottenBooks.com, giving you unlimited access to our entire collection of over 700,000 titles via our web site and mobile apps.

To claim your free month visit:
www.forgottenbooks.com/free638522

English
Français
Deutsche
Italiano
Español
Português

www.forgottenbooks.com

Mythology Photography **Fiction**
Fishing Christianity **Art** Cooking
Essays Buddhism Freemasonry
Medicine **Biology** Music **Ancient**
Egypt Evolution Carpentry Physics
Dance Geology **Mathematics** Fitness
Shakespeare **Folklore** Yoga Marketing
Confidence Immortality Biographies
Poetry **Psychology** Witchcraft
Electronics Chemistry History **Law**
Accounting **Philosophy** Anthropology
Alchemy Drama Quantum Mechanics
Atheism Sexual Health **Ancient History**
Entrepreneurship Languages Sport
Paleontology Needlework Islam
Metaphysics Investment Archaeology
Parenting Statistics Criminology
Motivational

MARQUIS DE ROCHEGUDE

Promenades

dans TOUTES les

Rues de Paris

PAR ARRONDISSEMENTS

ORIGINES DES RUES
MAISONS HISTORIQUES OU CURIEUSES
ANCIENS ET NOUVEAUX HOTELS
ENSEIGNES

Vᵉ Arrondissement

PARIS

LIBRAIRIE HACHETTE ET Cⁱᵉ

79, BOULEVARD SAINT-GERMAIN, 79

1910

LES RUES DE PARIS

Vᵉ ARRONDISSEMENT

PANTHÉON

1ᵉʳ quartier : St-Victor.
2ᵉ quartier : Jardin-des-Plantes.

3ᵉ quartier : Val-de-Grâce.
4ᵉ quartier : Sorbonne.

Quai St-Michel.

La première pierre du quai a été posée en 1561 et les galériens enfermés au Petit Châtelet furent employés aux terrassements. Les travaux recommencèrent vers 1767, furent interrompus et ne reprirent que sous le premier Empire en 1811. Le quai fut appelé quelque temps quai de la Gloriette et a reçu son nom actuel en 1816.

Le **pont St-Michel** compte en partie dans notre arrondissement (voir le IVᵉ arrondissement).

Nº **15. Rue Zacharie** (1219). S'appelait Sac-à-lie au XIIIᵉ siècle. Cette curieuse ruelle, qui portait le nom de rue des Trois-Chandeliers dans sa partie près de la

Seine, où elle aboutissait, était déjà malpropre au Moyen
âge. Aux 3 et 19 sont des anciennes inscriptions du nom
de la rue. Il faut jeter un coup d'œil sur les curieuses
masures qui sont aux 5, 13, 15, 18, etc.

N° **11. Rue du Chat-qui-pêche** (1540). Cette ruelle
qui aboutissait jadis à la Seine n'est qu'une fente ban-
croche pratiquée entre deux murs. Elle s'appela ruelle
des Étuves, du Renard et des Deux-Bouticles. Son nom
actuel vient d'une enseigne de traiteur. Cette rue nous
mène rue de la Huchette.

Rue de la Huchette.

Ouverte au xii* siècle. S'appela primitivement rue de
Laas, puis prit son nom actuel au xiv* siècle à cause
d'une enseigne. Presque toutes les maisons de la rue
étaient occupées jadis par des rôtisseries et des boutiques de lapidaires diamantaires. Ange Pitou demeurait
à l'ancien 34 en 1843.

N° **1**. Là se trouvait le cabaret du Petit More qui était
déjà célèbre en 1607.

N° **4**. Enseigne de la Hure d'Or (1729). Mascarons.

N° **10**. Là se trouvait, dit l'érudit M. Georges Cain, un
café qui avait jadis comme enseigne : Au Petit Caporal.
Bonaparte logea là (ou au 8) en 1795 alors qu'il mourait
de faim à Paris « sans emploi, sans solde, sans ration ».

N° **11**. Bouillon de la Huchette, surnommé par
Huysmans le « Café anglais des Purotins ou Indigents ».

N° **14**. Ancienne inscription du nom de la rue. Enseigne de l'Y. A appartenu à un mercier-bonnetier.
M. Pessard, dans son *Dictionnaire de Paris*, dit : « Autrefois on disait lie-grègues pour désigner les hauts de
chausses : c'est donc un véritable jeu de mots que cet Y,

qui représente une culotte dont les deux jambes seraient en l'air et qu'on prononce lie-grègues pour I grec. »

Nᵒ **13**. Ancien bureau des apothicaires à l'image de la Lamproie.

Nᵒ **17**. Ancienne inscription du nom de rue.

Au xvıᵉ siècle les Archives de l'Assistance publique se trouvaient à l'hôtel de la Huchette situé dans la rue. En 1500 s'y trouvait l'hostellerie de l'Ange qui était la meilleure de Paris. C'est là que descendirent les ambassadeurs de l'empereur Maximilien venant rendre visite à Louis XII.

Rue de la Harpe.

La rue de la Harpe est sur l'emplacement d'une ancienne voie romaine dont on a retrouvé les substructions en 1839. Elle fut bâtie au xıııᵉ siècle, et doit son nom à une enseigne qui représentait le roi David. La partie comprise entre la rue de la Huchette et la rue St-Séverin s'appela rue de la Juiverie en 1182, de la Vieille-Bouclerie de 1210 à 1300, de l'Abreuvoir-Macon en 1409, puis de la Bouclerie ou de la Petite-Bouclerie. Cette partie fut réunie en 1851 à la rue de la Harpe qui allait de la rue St-Séverin à l'ancienne place St-Michel. La rue de la Harpe s'est appelée rue de la Cithare, et aussi rue aux Hoirs-d'Harcourt à cause du collège de ce nom. La rue a été complètement modifiée en 1855 par les travaux du boulevard St-Michel, et la rue de la Harpe ne s'étend plus maintenant qu'entre la rue de la Huchette et le boulevard St-Germain. Dans la partie disparue du côté impair, à peu près en face du collège d'Harcourt, se trouvaient, rue de la Harpe, le collège de Narbonne (1316), puis le collège de Bayeux qui avait été fondé en 1309 par Guillaume Bonnet, évêque de Bayeux, et le collège de Seez qui datait de 1427. En quittant le ministère Mme Roland et son mari s'installèrent en 1793 au second étage d'une maison de la rue de la Harpe qui faisait face à l'église St-Côme et qui avait une sortie sur la rue des Maçons-Sorbonne (Champollion). C'est là que Mme Roland fut arrêtée pour être conduite à l'Abbaye. Relâchée, elle fut arrêtée deux jours après et conduite à Ste-Pélagie, puis à la Conciergerie et de là à l'échafaud. Le père de M. Frédéric Masson, l'éminent académicien, fut tué en 1848 devant la barricade de la Petite-Bouclerie. Il commandait une légion de la garde nationale.

Nº **8**. Vieille maison ainsi qu'aux **11, 12, 17, 19**.

Nº **35**. Ancien hôtel. Reproduction très jolie de deux fenêtres Louis XV.

Nº **45**. Ancien hôtel. (Mascarons.) A côté, au **43**, s'ouvre la rue de la Parcheminerie.

Rue de la Parcheminerie.

Cette rue très curieuse s'appelait rue des Escrivains en 1273. Là demeuraient de nombreux libraires, copistes, collaborateurs des enlumineurs. Nom actuel en 1387. Toutes les maisons sont anciennes. La rue a perdu quelques vieilles maisons en 1906, lors de l'élargissement de la rue St-Jacques.

Nº **28**. Vieille maison.

* Nº **29**. Jolie et coquette façade Louis XV.

Nº **22**. Vieille maison, ainsi qu'au **16**, qui s'intitule : Hôtel des Pères Tranquilles.

Nº **12**. Ancien passage qui conduit aux anciens charniers de St-Séverin.

Nº **11**. Mascarons dans la cour.

Nᵒˢ **6** et **7**. Vieilles maisons qui appartenaient, au xɪɪɪᵉ siècle, à la cathédrale anglaise de Norwich, qui y entretenait des écoliers, puis à l'abbaye des Écharlis du diocèse de Sens et de l'ordre de Cîteaux. Au 25 se trouve la rue Boutebrie.

Rue Boutebrie (1240).

Dite au Moyen âge Érembourg-en-Brie ou Érembouc-de-Brie du nom d'un de ses habitants. Rue des Enlumineurs au xvɪᵉ siècle. Nom actuel par corruption. Le côté impair de la rue est moderne. De ce côté, à l'angle de l'ancienne rue du Foin, qui a été absorbée par le boulevard St-Germain, se trouvait le collège de Maître Gervais, qui avait été fondé en 1375 par Gervais Chrétien, chanoine de Paris, pour y former des prêtres et des pédagogues. Supprimé à la Révolution. Les bâtiments furent affectés à une caserne qui disparut lors du percement du boulevard St-Germain. Le célèbre enlumineur Honoré habitait la rue Érembouc-en-Brie au xɪɪɪᵉ siècle.

Nᵒ **1**. Dispensaire de l'Assistance publique. Statuette de St Vincent de Paul.

Nᵒ **4**. Enseigne moderne de serrurier.

Nᵒ **6**. Maison à pignon. (Vieil escalier.)

Nᵒ **8**. Escalier du xvɪᵉ siècle. (Rampe en bois sculpté.)

Nᵒ **12**. Vieille maison. Actuellement bureau de nourrices.

Rue des Prêtres-St-Séverin.

Ruelle devant Saint-Séverin (1244). Nom actuel en 1508.

Nᵒ **3**. Vieille maison. Escalier à balustres de bois Louis XIII.

N° **5**. Restes de l'ancien collège de Lisieux, fondé par Guy d'Harcourt, évêque de Lisieux. Il resta là jusqu'en 1764, époque où il fut transféré dans les bâtiments du collège de Dormans.

N° **8**. Vieille maison qui avait pour enseigne sous Henri IV : « Au Vert-Galant ».

N° **1**. Le presbytère actuel et son jardin sont sur l'emplacement de l'ancien cimetière St-Séverin. En 1461 on y fit publiquement la première opération de la pierre sur un condamné à mort, qui guérit et fut gracié par Louis XI.

** Église St-Séverin. Cet église gothique est peut-être la plus intéressante de Paris. Elle a pour origine la chapelle où saint Séverin, solitaire du VIᵉ siècle, fut inhumé. Dans cet oratoire, qui datait de Childebert Iᵉʳ, saint Cloud, fils de Clodomir, avait pris l'habit monastique. En 1031 elle fut brûlée par les Normands, et reconstruite partiellement à différentes époques. « Pour aider à sa bâtisse, dit Huysmans, le pape Clément VI avait accordé des indulgences et les dons affluèrent. On ignore quel fut l'architecte qui rêva cette délicieuse flore de pierre. D'anciens documents nous apprennent qu'un sieur Michault Le Gros dirigeait, vers 1496, la construction des chapelles du midi, et c'est tout. » Le portail latéral, le porche sous la tour, les voûtes des premières travées du premier collatéral de droite, les trois premières travées de la grande nef sont du commencement du XIIIᵉ siècle. La tour et le second collatéral de la nef à droite sont du XIVᵉ siècle, le reste est du XVᵉ et du XVIᵉ. Sur le porche de la tour carrée de gauche on lit cette inscription en caractères du XVᵉ siècle : « Bonnes gens qui par cy passées, priez Dieu pour les trépassés... » L'église s'ouvrait jadis rue St-Séverin. Le portail actuel

sur la rue des Prêtres-St-Séverin provient de l'église
St-Pierre-aux-Bœufs qui avait été fondée en 1220 dans
la Cité et démolie en 1837. Dans la porte nord on a
replacé deux lions en pierre qui se trouvaient jadis sur
les marches de l'église. C'est entre ces lions que les
curés de St-Séverin rendaient la justice et de là l'origine
de leurs jugements : « Datum inter leones. » Jadis les
portes de l'église étaient couvertes de fers à cheval votifs.
Saint Séverin étant toujours représenté à cheval, les
voyageurs venaient ainsi se mettre sous sa protection.
L'ancien cimetière, comme nous l'avons dit plus haut,
occupait l'emplacement du jardin actuel du presbytère.
Il était entouré par les anciens charniers qui n'existent
plus qu'en partie. Deux côtés ont disparu par la construction du presbytère et l'alignement de la rue des
Prêtres-St-Séverin en 1840; un autre côté a été englobé
par la chapelle des catéchismes et le quatrième est surmonté d'un étage. Un patronage y est installé. Des
assemblées séditieuses qui précédèrent la Ligue eurent
lieu dans ce cimetière.

Ambroise Paré se maria à St-Séverin. Le clergé et
les paroissiens adoptèrent dès le début les doctrines
théologiques de Port-Royal et l'église fut encore un
foyer de jansénisme sous le curé Baillet jusqu'en 1820.
Il parait qu'il existe encore plusieurs familles jansénistes
près de St-Séverin. En 1794 l'église devait être transformée en poudrière, mais le décret fut rapporté de
suite. Elle resta néanmoins fermée et ce fut le Premier
Consul qui la fit rouvrir en 1802.

Voir dans l'église, à gauche, une curieuse inscription
sur les flibustiers fondateurs de St-Domingue, les très
nombreuses plaques des collégiens pour le succès des
examens, les plaques pour la réussite des mariages, etc.

Le buffet d'orgue est de 1417. Le maître Saint-Saëns est organiste de St-Séverin. Les magnifiques verrières de la nef proviennent en partie de St-Germain-des-Prés. Dans la chapelle de la Vierge se trouve un vieux puits bouché aujourd'hui. Peintures de Flandrin, etc. Voir également la curieuse façade de l'église avec ses gargouilles du côté du jardin du presbytère, les restes du cloître ogival dénaturé par la salle des catéchismes, etc. Le chevet de St-Séverin a été dégagé en partie en 1907 par l'élargissement de la rue St-Jacques.

Nous ne pouvons pas quitter St-Séverin sans rappeler ce que disait Huysmans, qui avait trouvé dans l'abside « le coin intime » et l'avait si heureusement baptisé du nom de Palmarium : « L'abside reste l'une des plus étonnantes ombellas que les artistes d'antan aient jamais brodées pour abriter le Saint-Sacrement de l'autel. Ils semblent en avoir emprunté la forme à la végétation du pays où naquit le Christ, car ils ont planté une futaie de palmiers dont un fruit tombe en une goutte de sang, en un rubis de veilleuse devant le tabernacle. Et l'on y va, à cette abside où se tiennent les réserves de Dieu, par un chemin vraiment mystique, car les allées accouplées qui y mènent en filant de chaque côté le long de la grande nef, ont l'aspect claustral des routes hors le monde, des galeries des cloîtres ».

Rue St-Séverin.

Une des plus anciennes de Paris. Elle fut élargie en 1678. La partie située entre la rue de la Harpe et la place St-André-des-Arts, partie qui n'est comprise dans le Ve arrondissement que jusqu'au boulevard St-Michel, remplace l'ancienne rue Macon qui existait déjà au xiiᵉ siècle. Cette rue Macon devait son nom à l'abreuvoir Macon où avaient coutume de se réunir les filles du quartier au Moyen âge. La rue doit son nom à l'église St-Séverin. L'abbé Prévost habita la rue St-Séverin.

Nº 36. Ancienne auberge de l'Étoile qui existait au commencement du règne de Louis XIV.

Nº 34. Dans la cour, mascarons et escalier en fer forgé.

Nº 13. Enseigne du Cygne de la Croix.

Nº 26. Ancienne inscription du nom de la rue, ainsi qu'au 24. Le mot « saint » a été gratté pendant la Révolution.

Nº 22. Vieille maison qui fut hostellerie. Le 20 fut rôtisserie.

Nº 12. Vieille maison.

Nº 6. **Impasse Salembière.** Jadis Saille-en-Bien au xiiiᵉ siècle (Vicus salientis in bonum), puis cul-de-sac Salembrière, comme nous le dit une vieille inscription. Cette curieuse impasse était déjà fermée par une grille au xiiiᵉ siècle.

Nº 4. Ancienne inscription. Le mot « Saint » a été effacé à l'époque révolutionnaire.

Nº 3. Porta l'enseigne de la Galoche, puis de l'Ile d'Amour. Appartint au président Lefeuve de La Falluère, au comte de Mauron et à Pierre de Sable (1721). On devrait bien démolir cette maison qui masque le chevet de l'église. Au 2, qui vient de disparaître, se trouvait la maison du théologien Fromageau, confesseur des condamnés à mort au xviᵉ siècle. Au chevet de St-Séverin se trouvait une antique fontaine et à côté était une sorte de cabanon où on enfermait les filles qui étaient uniquement nourries par la charité du passant.

Rue du *Petit-Pont*.

Ouverte au XIIe siècle. Rue Neuve en 1230. Reconstruite au XVIIIe siècle. La rue a été élargie en 1907 et c'est ainsi que nous avons vu disparaître à l'ancien 10 un bel hôtel du XVIIe siècle orné d'un beau balcon et d'un motif sculpté à tête d'Hercule dont le musée Carnavalet a recueilli les épaves. Cet hôtel, que l'on appelait dans le quartier hôtel Pompadour, avait été quelque temps ambassade d'Espagne sous Louis XIV. Les maisons du côté impair sont toutes anciennes.

N° **19**. Maison à pignon.

N° **9**. Vieille maison ainsi qu'au 7, etc.

La **place du Petit-Pont** a été créée en 1782 lors de la démolition du Petit Châtelet. Sur cet emplacement s'élevait jadis la Tour de Bois que les Parisiens avaient élevée pour défendre le Petit Pont contre les Normands. Cette tour fut attaquée plusieurs fois, notamment en 886. Sur la façade de l'annexe de l'Hôtel-Dieu, annexe qui a été démolie en 1909, se trouvait avant 1908 une inscription (actuellement à Carnavalet) qui rappelait le nom des douze héros parisiens qui périrent pendant cette défense de 886, défense qui avait été organisée par Gozlin, évêque de Paris. La Tour de Bois fut remplacée en 1369 par le Petit Châtelet qui fut la résidence du Prévôt de Paris. Sous Henri III les Seize y firent pendre deux conseillers au Parlement. Le Petit Châtelet fut démoli en 1782.

Le **Petit Pont** occupe la place d'un des deux ponts des Romains. Il était jadis encombré de moulins et de maisons en bois. Il fut réédifié en pierres en 1185 par Maurice de Sully et fut souvent détruit par les inonda-

tions et le feu (en 1196, 1205, 1280, 1294, 1408, 1409,
1449, 1649, 1651, 1659). En 1394 il avait été réédifié par
une amende payée par sept juifs. Incendié en 1718. Du
Breul, historien de Paris, auteur du *Théâtre des Anti-
quités de Paris*, est né en 1528 dans une maison du
Petit Pont incendiée en 1718. Après ce fameux incendie
du 27 avril 1718 on ne reconstruisit plus les maisons. Le
pont fut reconstruit une dernière fois en 1853. En 1848
une barricade établie devant le Petit Pont fut enlevée
par le général Bedeau. A quelques pas de la place du
Petit-Pont la rue St-Julien-le-Pauvre nous mènera rue
Galande.

Rue St-Julien-le-Pauvre.

C'était jadis le Vieux Chemin conduisant à St-Julien-
le-Pauvre.

N° **14**. Hôtel d'Isaac de Laffemas, gouverneur du Petit
Châtelet et lieutenant civil au xviiᵉ siècle. C'était chez
lui que les étudiants venaient vider leurs démêlés. (Porte
surmontée d'une justice. Escalier.)

* N° **11**. Église St-Julien-le-Pauvre. Doit son origine
à un établissement hospitalier du viᵉ siècle où logea
St Grégoire de Tours. L'église primitive fut ruinée par
les Normands en 886 et reconstruite. Elle fut de nouveau
reconstruite au xiiᵉ siècle par les soins de l'abbaye de
Longpont et érigée en paroisse. Elle devint le siège des
assemblées de l'Université jusqu'à la création des écoles
de la Montagne Ste-Geneviève. Elle fut délaissée, et
cédée en 1655 ainsi que le prieuré à l'Hôtel-Dieu qui en
fit une simple chapelle. La cession fut faite, ainsi que nous
le dit une inscription nouvellement posée sur la façade,
par P. Meliand qui était alors abbé commendataire de

St-Julien, et le cardinal Mazarin qui était alors administrateur de l'abbaye de Longpont. Cette cession fut con-
firmée par bulle du pape Alexandre VII (1659) et par les
lettres patentes du roi Louis XIV (1697). Pendant la
Révolution elle fut transformée en magasin à fourrages.
Après la Révolution elle fut restituée à l'Hôtel-Dieu par
décret impérial de 1805 et affectée en 1892 au culte
catholique grec. Montyon, qui primitivement avait été
enterré au cimetière de Vaugirard en 1820, puis en 1838
sous le péristyle de l'Hôtel-Dieu, y repose depuis 1877,
et y a sa statue. On voyait jadis à St-Julien-le-Pauvre le
tombeau des Ranavalet qui, disait l'inscription, avaient
été, bien que frère et sœur, amant et maîtresse. St-Julien-
le-Pauvre fournit un exemple excellent de la belle école
du XIIe siècle. (Voir la chapelle de la Vierge, la sacristie,
et assister, si on peut, à un office du dimanche.)

Dans la petite cour pittoresque qui précède la vieille
et curieuse église nous voyons un vieux puits qui se
trouvait jadis dans le collatéral de droite à l'intérieur de
l'église, quand St-Julien-le-Pauvre était une basilique.
Au chevet de l'église se trouvait jadis un autre puits
dont l'eau « garissait tous les maux ». Adossée au chevet
se trouvait la chapelle St-Blaise disparue aujourd'hui.
Dans la cour un curieux et étroit passage dans une maison conduit au 50 de la rue Galande.

Rue Galande.

Percée en 1202 sur le clos Mauvoisin, qui confinait au
fief de Garlande, possédé en 1200 par Mathilde de Garlande, épouse de Mathieu de Montmorency. Le mot
Galande est une altération de Garlande. Cette rue était
encore il y a quelques années une des plus curieuses de

Paris et elle faisait partie de la tournée classique dite des Grands-Ducs. Elle possède encore, malgré la trouée de la rue Dante, de la rue Lagrange, et les démolitions récentes, des maisons anciennes et curieuses.

N° **58**. Vieille maison avec mansardes curieuses. Vieille maison au 65 *bis*.

N° **65**. Hôtel des seigneurs de Châtillon au xviie siècle. Frises gracieusement sculptées.

N° **50**. Curieuse cage d'escalier triangulaire. (Passage menant à St-Julien-le-Pauvre.)

N° **48**. Emplacement de l'ancienne chapelle St-Blaise, rebâtie en 1684, qui était le siège de la Confrérie des Maçons et Charpentiers. Le bureau de la Corporation des Maçons fut successivement, avant 1789, rue de la Mortellerie, puis rue de la Harpe. En 1764 la chapelle St-Blaise fut vendue à l'Hôtel-Dieu par les Maçons et Charpentiers.

N° **57**. Emplacement de l'ancien bouge du Château-Rouge ou de la Guillotine. C'était, dit-on, une ancienne demeure de Gabrielle d'Estrées. Gamahut y fut arrêté en 1885.

N° **46**. Curieux escalier Louis XIII et même d'une époque antérieure à partir du second étage.

* N° **42**. Bas-relief remarquable en pierre provenant de St-Julien-l'Hospitalier et représentant St-Julien dans une barque. La porte sur laquelle se trouve ce bas-relief servait d'entrée à un couvent d'Augustines.

N° **41**. Curieux passage menant 12 *bis*, rue Domat. (Dans le passage nous voyons un vieil escalier Louis XIII et un vieux puits.)

N° **31**. Maisons à pignon du xve siècle. Solives sculptées.

N° **29**. Maison à pignon du xve siècle.

N° **27**. Vieille maison. Toit curieux.

Du côté pair, en face du débouché de la rue des Anglais se trouvait la rue Jacinthe qui allait de la rue Galande à la rue des Trois-Portes, et qui a été détruite par le percement de la rue Lagrange.

Rue des Anglais.

Existait déjà sous Philippe Auguste. La rue doit son nom aux écoliers anglais qui y demeuraient au Moyen âge. J.-B. Rousseau, poète lyrique, naquit dans cette rue en 1678. Elle possède des vieilles maisons.

N° **4**. Cabaret du Père Lunette. Fondé pendant la Révolution par le père Lefèvre qui était toujours coiffé d'une casquette à visière et qui portait d'énormes bésicles, d'où est venu le nom de l'établissement. Le père Martin lui succéda. Ce nouveau patron portait en sautoir sur sa poitrine les lunettes qui étaient l'enseigne du cabaret. Par curiosité on peut jeter un coup d'œil sur les peintures murales de cet établissement qui est un peu truqué aujourd'hui.

Rue Domat.

S'appela rue des Plastriers en 1247, puis rue du Plâtre-St-Jacques avant 1864. Nom actuel en l'honneur du jurisconsulte Domat (1625-1696), qui fut l'ami de Pascal. Toutes les maisons de la rue sont anciennes et curieuses.

N° **4**. Vieille maison. Au 6, maison à pignon.

N° **8**. Maison curieuse du xvi° siècle, ainsi qu'au **10**.

N° **12** *bis*. Passage aboutissant 41, rue Galande. Emplacement de l'ancien collège de Cornouailles fondé

par Nicolas Galeran de Grève, clerc de Bretagne,
en 1317, et réuni plus tard à Louis-le-Grand. Les bâtiments furent vendus à la criée en 1806.

La rue Domat se prolongeait jusqu'à la rue St-Jacques :
elle a été diminuée par le percement de la **rue Dante**, qui
a reçu son nom actuel en 1894, en l'honneur de l'auteur
de la *Divine Comédie* (1265-1321). Cette rue Dante,
percée il y a peu d'années, ne possède que des maisons
modernes. Au 5 habite M. Emile Loubet, ancien président
de la République.

Rue du Fouarre.

La rue du Fouarre commençait jadis au quai Montebello : le percement de la rue Lagrange en 1887 lui a
fait perdre une grande partie de son parcours et elle ne
possède plus que quelques vieilles maisons du côté pair,
et une seule, d'ailleurs moderne, du côté impair.

La rue du Fouarre s'est appelée rue des Escoliers
en 1202. La partie basse s'est appelée rue du Trou-
Punais à cause de l'égout de ce nom qui longeait la rue
de la Bûcherie. Le nom de fouarre ou feurre était
synonyme de paille ou fourrage. D'après les instructions
sévères du pape Urbain V, les écoliers, par esprit
d'abnégation, devaient écouter les leçons non assis sur
des bancs, mais à terre et ils s'asseyaient sur des bottes
de paille. De là vient le nom de rue au Feurre ou du
Fouarre. De nombreux collèges étaient installés dans
cette rue au Moyen âge : entre autres les écoles des
Quatre Nations : France, Normandie, Allemagne,
Picardie. Le collège de Normandie était situé du côté
pair sur l'emplacement du 8 (ancien 16). Le collège de
la Nation de Picardie qui fut le dernier ouvert, et qui

subsistait encore sous Louis XV, était du côté impair, à
l'angle de la rue Galande. Il possédait une chapelle du
xve siècle dédiée à Ste Catherine qui se trouvait sur
l'emplacement du sol de la rue Lagrange. Le Dante
fréquenta les écoles de la rue du Fouarre en 1304 et il
mentionne cette rue sous le nom de « Vico degli
Strami ». Il suivait les leçons de Brunetto Latini,
Florentin émigré après la chute des Gibelins, qui ensei-
gnait dans les écoles de la rue du Fouarre la philosophie
et les lettres. Buridan, qui était maître de philosophie,
habitait une maison qui se trouvait sur l'emplacement de
l'ancienne annexe de l'Hôtel-Dieu près de St-Julien-le-
Pauvre, annexe qui a disparu en 1908.

N° **6**. Société pour l'instruction élémentaire fondée
par Lazare Carnot (1815-1860). Le buste du fondateur
a été placé en 1891. Nous voyons également quatre
médaillons de faïence représentant : La Rochefoucauld,
Francœur, Jomard et Albert Leroy.

N° **8**. Emplacement de l'ancien collège de Normandie.
(Guirlandes, mascaron.)

N° **10**. Vieille maison assez curieuse.

La **rue Lagrange**, qui a absorbé toute la partie basse
de la rue du Fouarre, a été ouverte en 1887. Elle doit
son nom au mathématicien et astronome Louis Lagrange
(1736-1813). Elle n'offre rien de particulièrement
intéressant.

Rue de l'Hôtel-Colbert.

Doit son nom à un simple hôtel meublé et non à
l'hôtel dit à tort de Colbert. Ce bel hôtel, qui se trouvait
à l'angle ouest de la rue Galande, avait été construit
en 1650 par Goret de St-Martin, maître des comptes, et

avait été décoré par le sculpteur Poissant. Il appartenait avant la Révolution à la famille des Isalis, greffiers au Parlement et sous l'Empire il fut transformé en imprimerie. Il fut démoli par le percement de la rue Lagrange. La rue de l'Hôtel-Colbert s'est appelée, en 1202, rue d'Arras, puis rue des Rats de 1300 à 1827.

Nº **13. Rue des Trois-Portes.** Cette rue existait au commencement du xıııᵉ siècle, et n'avait alors que trois maisons, d'où le nom de trois portes. Elle correspondait avec la rue Galande par la rue Jacinthe qui avait été jadis une branche de la rue des Trois-Portes. A l'angle de la rue Galande et de la rue des Trois-Portes s'élevait au xıvᵉ siècle l'hôtel de Reilhac, confisqué par les Anglais en 1417 et qui revint ensuite à la famille de Reilhac, qui possédait également trois hôtels rue St-André-des-Arts contigus au Séjour d'Orléans. La rue des Trois-Portes possède des vieilles et curieuses maisons du côté pair.

Nº **13.** Ancienne maison ainsi qu'au 11.

* Nº **10.** Amphithéâtre de l'ancienne Faculté de Médecine (Voir 13, rue de la Bûcherie). A côté se trouvait le premier jardin botanique de Paris.

Rue de la Bûcherie.

Date de la fin du xııᵉ siècle. Elle a été tracée sur le clos Mauvoisin, et doit son nom à de nombreux marchands de bois qui y demeuraient au Moyen âge, et qui au xvıᵉ siècle émigrèrent de ce quartier pour aller à la Rapée.

Nº **9.** Vieux puits dans la cour.

Nº **11.** Ancienne maison restaurée.

* Nº **13.** Ancienne Faculté de Médecine de 1472 à

Louis XV. Commencée en 1472, agrandie en 1515 et 1568. En 1608 on fit l'acquisition de la maison dite de l'Image-Ste-Catherine, grâce aux libéralités du chanoine Le Masle des Roches, et on y établit le Musée d'Anatomie. L'amphithéâtre dit de Winslow fut construit en 1617 sur une maison qui était à l'enseigne du Cheval-Blanc et qui appartenait aux religieux de Ste-Geneviève dès 1430. La rotonde est du XVIII⁰ siècle. Le bâtiment à l'angle de la rue de la Bûcherie et de la rue de l'Hôtel-Colbert était désigné sous le nom de maison des Bedeaux; celle à côté de l'entrée à droite était l'ancienne maison des Massiers. La salle gothique du XV⁰ siècle était encore en 1907 surmontée d'étages parasites. Sous l'Empire l'antique Faculté fut École d'anatomie. Ce vieux souvenir parisien, plusieurs fois menacé, fut sauvé de la démolition grâce à l'initiative de M. le docteur Le Baron et acquis par la Ville en 1895. Il a été classé comme monument historique le 20 décembre 1908. En 1905 l'ancienne Faculté de Médecine est devenue la Maison des étudiants, et a été transformée par M. Debrie, architecte. Pendant une grève des charpentiers et des maçons les étudiants se mirent eux-mêmes à la construction de leur maison (1909).

Nᵒˢ **14-16.** Vieilles maisons qui étaient jadis à l'image des Trois-Poissons. Au 16 se trouve une vieille porte à clous. C'était, dit M. Pessard dans son *Dictionnaire historique de Paris*, la porte principale en 1429 du chantier de bois de maître Jean-Pierre dont le nom avait été donné un moment à la rue.

Nᵒ **33.** Là se trouvait l'annexe de l'Hôtel-Dieu. Ce bâtiment, démoli en septembre 1908, doit être remplacé, dit-on, par l'École des Arts décoratifs. Dans ce bâtiment disparu se trouvait une inscription en l'honneur de

Pomponne de Bellièvre, fondateur de l'Hôpital Général. Ce bâtiment était réuni par une passerelle au-dessus de la rue à l'autre annexe de l'Hôtel-Dieu, située sur le quai Montebello et démolie également en 1908. C'est dans l'axe de cette passerelle que se trouvait le pont St-Charles, surnommé le pont aux Morts parce qu'il servait de passage aux cadavres transportés de l'Hôtel-Dieu à la chapelle mortuaire St-Julien-le-Pauvre.

Nº **39**. Vieille bicoque.

Nº **41**. Vieille maison qui s'intitule : Hôtel du Bon-Dieu.

Avant d'arriver à la place du Petit-Pont, du côté pair de la rue de la Bûcherie se trouvait la place aux Poissons, qui avait remplacé en cet endroit l'ancienne rue de la Poissonnerie qui, en 1300, descendait à la Seine en ce point.

Quai de Montebello.

Jadis des Bernardins. La première pierre en fut posée en 1554 sous la prévôté de Christophe de Thou. De 1764 à 17.72 il s'appela quai de Bignon, du nom du prévôt des marchands, puis il devint le quai de la Bûcherie. En 1799 on décréta qu'un nouveau quai serait établi sur l'ancien quai des Bernardins et ce nouveau quai fut commencé en 1811, et ne fut achevé intégralement qu'en 1837. Dès 1809 on lui avait donné son nom actuel en l'honneur du maréchal Lannes, duc de Montebello (1769-1809).

En contre-bas du quai, près du Petit Pont, se trouvaient les Cagnards de l'ancien Hôtel-Dieu qui ont disparu lors de la construction des nouveaux murs de soutènement. Ils avaient été aménagés primitivement pour recevoir. le blé, le vin et les denrées qui venaient à l'Hôtel-Dieu par voie d'eau; plus tard on y installa l'écorcherie et la buanderie, puis ils devinrent des sortes d'égouts fétides qui servaient de repaire à des gens sans domicile. Le mot de cagnard était synonyme de chenil.

Le **pont au Double** a remplacé en 1881 un pont de 1634 qui était un peu en amont et pour le passage duquel on devait payer un double tournoi pour le bureau de l'Hôtel-Dieu. L'ancien pont au Double avait trois arches. Il avait été achevé en 1634 par Gamart ainsi que le bâtiment édifié dessus que l'on appelait la Salle du Rosaire, affectée aux malades, qui fut démolie en 1835. Le pont fut remplacé en 1847 par un pont d'une seule arche et le pont actuel a été reconstruit en fer de 1881 à 1885. Les bâtiments appelés St-Charles qui allaient du pont au Double au Petit Châtelet et plus tard jusqu'au Petit Pont furent rescindés dans le sens de la largeur en 1838 et tout a disparu en 1908.

N° **11. Rue du Haut-Pavé.** Faisait partie de l'ancienne rue d'Amboise avant 1803. Elle doit son nom à sa pente. Vieilles maisons aux 3 et 6.

N° **9.** Vieille maison : A la Bouteille d'Or.

N° **3.** Vieille maison. La rue du Haut-Pavé nous mènera place Maubert.

Place Maubert.

La place Maubert, qui date du commencement du XIIIᵉ siècle, doit son nom à Jean Aubert, deuxième abbé de Ste-Geneviève. C'était jadis le lieu de rassemblement des écoliers, et un lieu d'exécution. Là furent brûlés comme hérétiques Alexandre d'Évreux en 1533, Claude

Lepeintre, orfèvre, en 1540, Étienne Dolet, imprimeur et philosophe (1546), etc. A chaque époque trou-
blée, pendant la Fronde comme en 1848, des barricades
s'y élevèrent et avant d'être aérée par le boulevard
St-Germain et la rue Monge, la place Maub, comme
on l'appelait, fut le repaire des escarpes, des assassins
et des apaches. Au milieu de la place se trouvait un
corps de garde et une fontaine de 1674. Le corps de
garde a été brûlé en février 1848 et la fontaine a disparu. Depuis 1889 s'élève sur la place la statue
d'Étienne Dolet par Guilbert, statue qui depuis quelques années est le but de certaines manifestations politiques. Rappelons qu'Étienne Dolet fut d'abord gracié
comme assassin. (Il avait tué publiquement le peintre
G. Compaing.) Il fut condamné pour hérésie et fut
pendu, puis brûlé.

La place Maubert a subi plusieurs transformations
par suite du percement du boulevard St-Germain et de
la rue Lagrange. D'après une délibération de 1908 la
partie actuelle de la place située entre les rues de la
Bûcherie et Lagrange d'une part, et les rues des
Grands-Degrés et Maître-Albert d'autre part, deviendra
rue Maubert.

N° **27**. Vieille maison, ainsi qu'aux 19, 8, 6, etc.

N° **3**. **Impasse Maubert**. Jadis rue Sans-Bout, puis
d'Amboise avant 1867. Elle occupe l'emplacement d'un
ancien hôtel d'Amboise antérieur au xivᵉ siècle et d'un
collège grec, dit de Constantinople, qui datait du
xiiiᵉ siècle. Ce collège de Constantinople fut le plus
ancien collège de Paris et c'est dans ses locaux que fut
créé en 1362 le collège de la Marche transféré en 1420
rue de la Montagne-Ste-Geneviève, M. Georges Cain,
dans ses intéressantes *Promenades dans Paris*, nous dit

que Ste-Croix, le complice de la Brinvilliers, habita
l'impasse. C'est là qu'il fut arrêté et c'est là qu'on
découvrit tous ses papiers compromettants.

N° **1. Rue des Grands-Degrés.** S'appela rue
St-Bernard au xɪv⁰ siècle. Doit son nom aux marches en
pierre qui descendaient à la rivière. Dans cette rue,
Voltaire travailla comme clerc dans l'étude de maître
Alain, procureur. Le 1 est une maison peinturlurée.
Le 6 est orné de mascarons.

Rue Maître-Albert.

Cette curieuse et vieille rue s'appela rue Perdue
jusqu'en 1844. Elle doit son nom à maître Albert, surnommé le Grand, professeur et dominicain, qui au
xɪɪɪ⁰ siècle donnait ses leçons en plein air sur la place
Maubert. Cette rue renferme des hôtels garnis de dernier ordre où les vagabonds logent à la nuit. La plupart
des logeurs sont Auvergnats.

N° **16.** Les caves furent, dit-on, d'anciens cachots.
Sous le second Empire, dans l'arrière-boutique du mar-
chand de vin Allemane, père du futur membre de la
Commune, se réunissaient des conspirateurs.

N° **13.** Là mourut, en 1820, au deuxième étage sur la
cour, Zamor, le page nègre de Mme Du Barry, qui la
dénonça, déposa contre elle devant le tribunal révolutionnaire et la fit condamner à mort.

La rue Maître-Albert possède plusieurs vieilles maisons curieuses sur lesquelles on peut jeter un coup
d'œil, comme les 15, 14, 10, 6, 7 et 3, etc. Le collège
St-Michel que nous retrouverons rue de Bièvre s'ouvrait
aussi rue Perdue, du côté impair.

Rue de Bièvre (1250).

La Bièvre se jetait jadis dans la Seine à l'endroit où passe la rue qui porte son nom. Sous Louis VII, par l'entremise de St Bernard, les chanoines de St-Victor obtinrent l'autorisation de dériver la rivière pour la faire passer dans leur enclos. On dit que le Dante, proscrit, habita la rue et y composa une partie de la *Divine Comédie*. Crébillon y travailla comme clerc chez un procureur. Jadis la rue n'était habitée que par des bateliers : elle possède des vieilles maisons assez curieuses et des ferrures de balcons assez intéressantes.

Nº 6. Dépendait du collège de St-Michel.

Nº 12. Ancien collège de Chanac qui fut fondé en 1348 par l'évêque de Paris Guillaume de Chanac, dans sa propre maison, pour douze boursiers pauvres du diocèse de Limoges. Plus tard, d'autres libéralités furent faites par Bertrand de Chanac, patriarche d'Alexandrie, et par la famille de Pompadour. Devenu la propriété de la famille de Pompadour, il prit le nom de collège Pompadour. Il était placé sous le vocable de St Michel dont nous voyons encore la statuette au-dessus de la porte d'entrée. (St Michel terrassant le dragon.) Le cardinal Dubois fut domestique et élevé dans ce collège. En 1763 l'Université s'annexa le collège de Chanac.

Nº 22. Curieuse maison ainsi qu'aux : 24, 27, 30, 31, 32, etc.

Nº 28. Mlle de Dreux d'Aubray, qui devint la marquise de Brinvilliers, la célèbre empoisonneuse, y habita. (Voir la cour, l'escalier et le puits.)

Quai de la Tournelle.

S'appela quai St-Bernard en 1380. Nom actuel en 1750. La porte St-Bernard de l'enceinte de Philippe

Auguste se trouvait à l'emplacement où aboutit actuellement le pont Sully. Cette porte fut rebâtie sous Henri IV;
Blondel en fit plus tard un arc de triomphe et elle fut
démolie en 1670. A la porte St-Bernard attenait une tour
carrée qui portait le nom de tour ou château de la Tournelle. Cette tour avait été construite en 1359 pour défendre le pont, et reconstruite par Henri II. St Vincent de
Paul avait obtenu en 1652 de Louis XIV qu'elle fût affectée
à la demeure des galériens, avant leur départ pour la
chaîne, départ qui avait lieu deux fois par an, et elle con-
serva cette destination jusqu'à sa destruction en 1787.
Le quai longe le port de la Tournelle.

Le **pont de l'Archevêché** a été construit sous
Charles X en 1828. Il doit son nom à l'ancien archevêché détruit en 1831.

Le **pont de la Tournelle** fut un pont en bois de 1369
à 1620 et ne fut construit en pierre qu'en 1656. Presque
entièrement refait sous Louis-Philippe, il a été réédifié
en 1851.

N° **73**. Vieille maison ainsi qu'aux 71, 67, 65.

N° **65**. Enseigne du Tambour. Vieilles maisons aux 61
et 59.

* N^{os} **57** et **55**. Ancien hôtel du Pain, puis de Bar et
de Lorraine au XVIIIe siècle. Hôtel du président de Nesmond, surintendant de la maison du prince de Condé. Il
écrivit son nom sur son hôtel. « Ce fut la première inscription de ce genre », dit St-Simon. Le président de
Nesmond épousa la fille de Mme de Miramion sa voisine. Aujourd'hui l'hôtel de Nesmond est une distillerie et
nous lisons sur la façade : Hôtel cy-devant de Nesmond.

* N° **47**. Ancien couvent des Miramiones ou Filles de
Ste-Geneviève fondé par Mme de Miramion, fille du financier Bruneau et veuve à seize ans. Bussy-Rabutin la fit

enlever sans succès. Elle avait acheté en 1670, d'un nommé Martin, cet hôtel qui fut peut-être construit par Mansart. Devant l'hôtel était le lieu où le bourreau châtiait les filles avec des verges. Les Miramiones qui s'occupaient des jeunes filles pauvres avaient une barque pour les mener à Notre-Dame. *L'Ami du Roi*, dans son numéro du 8 avril 1791, raconte que ce jour-là, le bon peuple précédé d'une douzaine de dames de la place Maubert portant des poignées de verges s'est porté en foule aux Miramiones, mais la garde nationale et l'écharpe municipale préservèrent les religieuses des honteux traitements que la gaieté populaire leur préparait. Le couvent n'en fut pas moins supprimé à la Révolution et fut affecté à une manufacture d'armes. C'est depuis 1810 la Pharmacie centrale des Hospices et Hôpitaux civils. Dans l'ancienne chapelle se trouve un plafond à solives avec des décorations du xviiᵉ siècle. (Voir la façade sud, l'escalier, les fenêtres avec croisillons, le musée, etc.)

N° **37**. Hôtel du président Rolland d'Erceville, qui fut un ennemi déclaré des Jésuites (1740). Puis hôtel de Bouffret (1776). Inscription : Hôtel cy-devant du président Rolland.

N° **29**. Ancien hôtel.

N° **27**. Ancien hôtel Clermont-Tonnerre construit par Leduc. Aujourd'hui Direction des Contributions directes. Habité par M. Geoffroy, statuaire.

N° **21**. Vieille maison. En amont se trouvait l'embarcadère des coches pour Fontainebleau, service qui se faisait en douze heures pour 2 livres 10 sols.

N° **15**. Ancien restaurant de la Tour d'Argent. (Enseigne.)

N° **31**. Rue de Poissy.

Rue de Poissy (1772).

S'appela primitivement rue Montigny. Nom actuel en 1806. La rue fut percée sur l'emplacement du jardin des Bernardins, mais elle n'atteignit la rue St-Victor qu'en l'an XI.

N° **18**. Restes du couvent des Bernardins.

* N° **24**. Réfectoire à trois nefs de l'ancien collège des Bernardins. Ce collège fut fondé en 1245 par l'Anglais Étienne de Lexington, abbé de Clairvaux, sous les auspices d'Alphonse de France, frère de St Louis. Il fut reconstruit en 1338 par le pape Benoît XII qui y avait été professeur. Ce fut Benoît XII qui le fit entourer d'un mur dont on voit encore un fragment dans la cour du gymnase des pompiers. L'ordre de Cîteaux s'établit dans le collège des Bernardins au xive siècle. Le couvent et le collège furent confisqués en 1790 et devinrent une halle aux farines puis aux huiles. Le cloître servit de dépôt aux forçats condamnés aux galères peu avant 1792 et ils y furent massacrés le 3 septembre 1792 par les sans-culottes du quartier qui les prirent pour des religieux déguisés. Depuis 1845 l'ancien couvent a été transformé en caserne de pompiers.

Le réfectoire qui subsiste est divisé en trois nefs par deux rangées de seize élégantes colonnes, qui s'aiguisent en ogives. Au-dessous de cet ancien réfectoire se trouvent des caves très curieuses qui appartiennent ou sont louées à divers propriétaires. Les voûtes de ces caves qui sont de la même dimension que le réfectoire, sont soutenues par soixante-douze piliers, et elles sont divisées en dix-sept travées. L'ancienne sacristie a été transformée en logements. Le rez-de-chaussée est occupé par le

casernier et le premier est affecté au logement du lieutenant des pompiers. Nous retrouvons là, après avoir
gravi un escalier monumental, des arcades à cintre suré-
levé et d'intéressants culs-de-lampe. La première pierre
de l'église qui ne fut jamais complètement terminée fut
posée en 1338 par Philippe de Valois : elle se trouvait
au nord du réfectoire sur l'emplacement du boulevard
St-Germain.

Rue de Pontoise.

Percée en 1772 pour y établir une halle aux veaux, et
comme les environs de Pontoise fournissaient des veaux
recommandables, on lui donna le nom de cette ville. Cette
halle construite par Lenoir s'étendait entre la rue de
Pontoise et la rue de Poissy, au sud de la rue Cochin.
Elle fut démolie en 1861. (L'inscription de l'entrée de la
halle aux veaux est au Musée Carnavalet.) La rue de
Pontoise s'est primitivement appelée rue de Monsieur-
de-Sartines.

Nº **30.** Ancien séminaire de St-Nicolas-du-Chardonnet (1618).

Nº **21.** Emplacement d'une partie de l'ancien jardin
des Bernardins. École primaire (bas-relief).

Nº **19.** Emplacement de la cour qui précédait l'église
des Bernardins, église qui était perpendiculaire au réfectoire. Dans une petite cour attenant à la caserne des
pompiers se trouve un important pan de mur provenant
de l'ancien couvent des Bernardins, avec l'entrée ogivale d'une ancienne chapelle. Fourrière municipale
depuis 1850.

Nº **12.** Pharmacie centrale des Hôpitaux. (Voir 47,
quai de la Tournelle.)

N° **5. Rue Cochin** (1774). Primitivement place aux Veaux. Nom actuel en 1848 en l'honneur de Jean Cochin, philanthrope, administrateur des hospices et maire du Vᶜ arrondissement (1789-1841).

2. Vieille maison ainsi qu'au **1.**

Rue des Bernardins.

S'appela rue St-Bernard de 1246 à 1425. Elle longeait l'enclos du couvent des Bernardins, qui provenait lui-même du clos dit du Chardonnet. Doit son nom à l'ancien couvent dont le réfectoire subsiste dans la caserne des pompiers de la rue de Poissy. Dans cette rue se trouvait jadis l'hôtel de Torpanne qui avait été construit par Jacques Lefèvre, conseiller de Charles IX. Il appartint ensuite aux Bignon, famille de conseillers d'État, puis à la famille de Torpanne jusqu'à la Révolution. Il fut ensuite occupé, jusqu'en 1818, par les dames chanoinesses de St-Augustin. Les restes de ce bel hôtel, démoli en 1830, sont à l'École des Beaux-Arts. En 1629 le cardinal de Retz simula dans cette rue une tentative d'assassinat dont on accusa la reine régente Anne d'Autriche et Mazarin. Jussieu habita la rue en 1792 (l'ancien 11). La partie de la rue qui s'étend au sud de la rue St-Victor et qui allait jusqu'à l'ancienne rue Traversine s'appelait encore sous le deuxième Empire rue St-Nicolas. Le percement du boulevard St-Germain a fait disparaître en 1855, du côté impair de la rue, un passage qui rejoignait la rue de Pontoise sous le nom de rue du Cloître-des-Bernardins.

N° **6.** Porte sculptée. Escalier.

N° **10.** Maison ancienne ainsi qu'aux **12, 18, 22,** etc.

Nᵒ **13**. École paroissiale des Sœurs de St-Vincent de Paul. Crèche Ste-Lucie.

* Nᵒ **23**. Église St-Nicolas-du-Chardonnet, construite sur l'enclos, dit du Chardonnet, qui était très abondant en chardons. Cette église occupe l'emplacement du cimetière d'une autre église construite en 1230 et qui subsista jusqu'en 1656 époque où il fallut l'abattre pour l'empêcher de tomber d'elle-même. Cette première église dont la façade était orientée au levant avait été créée comme chapelle dite de St-Nicolas par Guillaume III d'Auvergne, évêque de Paris. Érigée en église paroissiale en 1243, elle fut terminé en 1252 et agrandie en 1545. Le cimetière était au nord de l'église et subsista jusqu'en 1656, époque où sur son emplacement on creusa les fondations de la nouvelle église. L'église actuelle fut bâtie de 1656 à 1709 sur les dessins de Lebrun, enfant de la paroisse. La tour, construite par Charles Comtesse, juré du roi, est plus ancienne (1625). Le diacre François de Pâris fut baptisé dans cette église ainsi que La Harpe (1737). Le poète Santeuil, mort à Dijon en 1697, y fut inhumé plus tard. Bertrand de Jussieu y fut enterré en 1777. Voir le tombeau de la mère de Lebrun, qui est un très intéressant monument, et à côté un autre monument élevé à la mémoire de Lebrun par sa veuve Suzanne Butay, surmonté du buste du peintre par Coysevox. Dans une autre chapelle se trouve le tombeau du conseiller d'État Jérôme Bignon, œuvre d'Anguier et de Girardon (1656). L'église possède en outre des tableaux de Lebrun, de Coypel, de Mignard, de Le Sueur et de Corot, etc.

Nᵒ **31**. Curieuse échoppe près de la tour de l'église.

Rue St-Victor.

Cette rue, qui existait au XIe siècle, commençait jadis
à la croix d'Hémont, en face du marché actuel des Carmes,
et se prolongeait jusqu'à la rue Poliveau. La partie qui
s'étendait à l'est de la rue des Fossés-St-Bernard,
devint par la suite rue du Faubourg-St-Victor et rue du
Jardin-des-Plantes. Le percement de la rue des Écoles
en 1855 a encore diminué la rue St-Victor qui ne s'étend
plus que de la rue des Bernardins à la rue des Écoles.
La rue doit son nom à l'abbaye St-Victor.

L'abbaye St-Victor avec son enclos et son église occupait l'emplacement occupé aujourd'hui par la Halle aux
Vins. Cette abbaye fut fondée par Guillaume de Champeaux et érigée en abbaye royale par Louis le Gros.
Maurice de Sully y mourut en 1196 et y fut enterré,
ainsi que le bienheureux Thomas de St-Victor qui était
mort en 1130, Hugues de St-Victor, dit le second St Au-
gustin, Étienne de Senlis, évêque de Paris, etc. Les
évêques de Paris y avaient pour eux-mêmes une maison de retraite. L'abbaye St-Victor fut rendue célèbre
par ses écoles avec Abailard, St Thomas de Cantorbéry,
St Bernard, etc. Les chanoines de St-Victor ont lar-
gement contribué à la fondation de l'Université et on
peut regarder Guillaume de Champeaux et Hugues de
St-Victor comme les premiers pères de la Scolastique.
L'abbaye fut supprimée en 1790, confisquée en 1792
et démolie en 1809, ainsi que sa belle église qui avait
été rebâtie au commencement de la Renaissance. L'entrée
principale de l'abbaye se trouvait devant le débouché
de la rue des Boulangers.

No **32**. Vieille maison. A côté se trouve une entrée de
St-Nicolas-du-Chardonnet.

N^{os} **26** et **24**. Ancien séminaire de St-Nicolas-du-Chardonnet fondé sur l'initiative d'Adrien Bourdaise, sous la régence de Marie de Médicis. Installé ici en 1620 dans une propriété qui appartenait à Compain, fils d'un secrétaire du roi, grâce aux largesses du prince Armand de Bourbon-Conti. Fermé à la Révolution et rétabli en 1811. Renan y fit une partie de ses études sous la direction de l'abbé Dupanloup. Le séminaire a été fermé de nouveau en 1906. (Au troisième étage curieuses fenêtres avec 72 petits carreaux.)

N° **14**. Hôtel construit sous Louis XIV par Jacques Auvray, maître couvreur. L'échevin Jacques Pyard.

Les 8, 6, 4, sont assez curieux.

Rue des Écoles.

La rue a été construite de 1852 à 1855. Le percement de cette rue a fait disparaître entre la rue d'Arras et la rue des Bernardins quatre petites rues qui étaient perpendiculaires à la rue St-Victor et la faisaient communiquer avec la rue Traversine du xive siècle qui allait de la rue d'Arras à la rue de la Montagne-Ste-Geneviève. Ces quatre petites rues étaient la rue de Versailles, qui datait du xiie siècle et qui débouchait rue St-Victor en face du débouché actuel de la rue de Poissy, la rue du Bon-Puits, qui datait de 1230, la rue du Paon, qui datait du xvie siècle, et la rue du Mûrier. En traversant la rue de la Montagne-St-Geneviève, la rue des Écoles traverse l'emplacement de l'ancien collège de La Marche. Entre la rue Jean-de-Beauvais et la rue St-Jacques, la rue des Écoles a fait disparaître le donjon de St-Jean-de-Latran, et en traversant la rue St-Jacques elle a démoli du côté pair de cette dernière rue l'église St-Benoît-le-

Bétourné qui datait du xie siècle, et qui devait son nom
à l'orientation de son autel. (Voir rue St-Jacques.)

* N° **2.** Emplacement de la porte St-Victor de l'enceinte de Philippe Auguste, porte qui fut reconstruite
en 1570. (L'enceinte passait sur le sol de la rue entre le
2 et le 3.) Le bâtiment que nous voyons ici, faisant face
à la rue du Cardinal-Lemoine, est une aile de l'ancien
séminaire St-Firmin, dont la façade principale qui lui
était perpendiculaire faisait face au midi, rue St-Victor.
Cette façade principale a disparu lors du percement de
la rue des Écoles, mais le bâtiment qui subsiste fut le
théâtre des terribles massacres de Septembre. Après
avoir été affecté, comme le bâtiment principal, à l'Institution royale des Jeunes-Aveugles, ce bâtiment subsis-
tant devint Caserne dite des Bernardites, puis en 1860 fut
affecté au Ministère des Finances pour le service des
magasins de la salle des ventes publiques du mobilier de
l'État. Ce dépôt y resta jusqu'en 1909. (Bel escalier,
au bas duquel eurent lieu une partie des massacres de
1792.) Cet hôtel du bric-à-brac national, où on vendait
les objets saisis ou confisqués par autorité de justice,
ou provenant des greffes criminels ou correctionnels,
fut mis en vente le 9 octobre 1909, mais n'a pas trouvé
d'acquéreur pour le prix de 400 000 francs.

N^{os} **2** *bis,* **4, 4** *bis.* En face du débouché de la rue
d'Arras se trouvait la façade principale du collège **des**
Bons-Enfants fondé au xiie siècle. St Louis l'honora de
sa protection. Calvin y séjourna et il était abandonné
lorsque St Vincent de Paul y établit en 1624, grâce au
cardinal de Gondy, les Prêtres de la Mission. Il y
habita deux ans. Le cardinal de Noailles transforma le
collège en séminaire sous le titre de **St-Firmin.** Pendant
la Révolution le séminaire fut transformé en prison pour

les prêtres insermentés. L'abbé Haüy, frère du fondateur
de l'Institution des Jeunes-Aveugles, y fut écroué, mais
il fut remis en liberté la veille des massacres de
Septembre 1792, pendant lesquels on égorgea à St-Firmin 165 prêtres non assermentés. Beaucoup d'entre
eux furent précipités vivants des étages supérieurs et
achevés à coups de pique et de hache par la foule, rue
St-Victor. Plus tard, en 1818, on transporta pendant
quelque temps dans cet ancien séminaire l'Institution
des Jeunes-Aveugles qui avait été fondée en 1784 par
Valentin Haüy. Le bâtiment principal de St-Firmin a
disparu lors du percement de la rue des Ecoles.

Nº 33. Passage du Clos-Bruneau. Dès le xiiiᵉ siècle
s'appela rue Judas et comme elle avait été percée sur le
clos Bruneau qui était jadis renommé pour son bon vin,
elle prit ce nom en 1838.

Après avoir coupé la rue des Carmes et la rue Jean-de-Beauvais, la rue des Écoles forme devant le Collège de
France une place qui s'appelait depuis 1877 et avant 1907
place du Collège-de-France et qui s'appelle maintenant
place Marcellin-Berthelot en mémoire du chimiste
(1827-1907). Cette place a absorbé l'ancienne place,
Cambrai qui avait été construite au commencement du
xviiᵉ siècle. Bichat habita la place Cambrai. Cette place,
où se trouvait une fontaine dite de St-Benoit, fut élargie
en 1715. La nouvelle place a absorbé également
l'ancienne rue St-Jean-de-Latran et une partie de
l'ancienne commanderie de St-Jean-de-Latran. Sur la
place Marcellin-Berthelot s'élèvent la statue de Claude
Bernard, par E. Guillaume (1885) et la statue du Dante,
par P. Aubé (1879). Au 1 de la place se trouve une vieille
maison avec une statuette brisée dans une curieuse petite
niche. Les 3 et 5 de la place sont également des vieilles

maisons, le 9 est une annexe du Collège de France qui s'ouvre au 13 de la place.

* Le Collège de France fut fondé en 1530 par François Ier, dit le Réformateur des lettres. Douze chaires furent créées primitivement mais il n'y avait pas de local spécialement affecté aux cours. Le Collège occupa sous Henri II l'emplacement de l'ancien collège des Trois-Evêques (1345), devenu en 1384 Collège de Cambrai. Henri IV y ajouta les collèges de Tréguier et de Laon. Louis XIII, âgé de neuf ans, posa en 1610 la première pierre d'un édifice qui fut appelé Collège Royal. Cet édifice, restauré sous Louis XIV, fut détruit et remplacé par l'édifice actuel qui a été terminé en 1778 par Chalgrin. Des constructions nouvelles furent faites en 1831 par l'architecte Latrouilly et de nouveaux changements eurent lieu dans la façade en 1877. Ce n'est que depuis 1852 que le Collège de France est rattaché au Ministère de l'Instruction publique. Le nombre des chaires est actuellement de 42. Dans la cour d'honneur qui est entourée de trois corps de bâtiments affectés aux laboratoires, aux salles de cours et à l'administration se trouvent la statue de G. Budé, par M. Bourgeois (1882) et celle de Champollion, par Bartholdi (1875). Le fronton de la porte monumentale est intéressant du côté de la cour. En traversant le bâtiment de droite, par un vestibule où se trouvent de nombreux bustes et le groupe de François Ier par Guillaume (1905), nous arrivons à une seconde cour qui s'ouvre rue St-Jacques. Cette cour est ornée d'un élégant portique décoré, et nous voyons sur les murs la liste chronologique des professeurs du Collège depuis Danès (1530). Cette cour est ornée également des bustes de Gassendi, Turnèbe, Vatable, Danès, Ramus, etc. Parmi les professeurs célèbres du xixᵉ siècle nous citerons : Lalande, Vauquelin, Portal, Daru, Thénard, Cuvier, Daubenton, Corvisart, Silvestre de Sacy, Ampère, Philarète Chasles, Michel Chevalier, Élie de Beaumont, Claude Bernard, etc., etc.

N° 40. Rue Thénard (1855). Nom en l'honneur du chimiste qui découvrit le borax (1777-1857). Caro mourut rue Thénard en 1877.

Nᵒˢ 47-45. Façade principale de la Sorbonne, dont nous parlons rue de la Sorbonne. En face est le petit **square de la Sorbonne** où on a inauguré en 1909 le monument d'Octave Gréard.

N° 60. Claude Bernard y mourut en 1878. Bizet est également mort rue des Écoles en 1875.

La rue de Cluny, qui s'ouvre au 56, nous mènera rue Du-Sommerard.

Rue de Cluny.

La partie comprise entre la rue des Écoles et la rue Du-Sommerard faisait partie de la rue du Cloître-St-Benoît qui existait en 1243; la partie entre la rue Du-Sommerard et le boulevard St-Germain date de 1855. Cette dernière partie se trouve sur l'emplacement de l'église et d'une partie de l'ancien couvent des Mathurins. Ce couvent des Mathurins, dits Frères aux ânes, avait été fondé en 1209. Le cloître du couvent reconstruit en 1219 servit de chef-lieu à l'Université de Paris jusqu'à l'expulsion des Jésuites, époque à laquelle l'Université prit possession du collège Louis-le-Grand. Dans l'église des Mathurins se tint en 1789 une assemblée partielle du Tiers-État de Paris. Le couvent fut supprimé à la Révolution, et avant sa démolition l'église séquestrée servit d'atelier à David.

N° **11**. On a découvert en 1900 dans les caves anciennes des vestiges de l'ancien cloître St-Benoît-le-Bétourné qui occupe en sous-sol une grande partie de la rue. Les bâtiments de ce cloître confisqués en 1790 avaient été démolis en 1792. (Il ne faut pas confondre ce cloître St-Benoît avec l'ancien cloître des Mathurins, qui se trouvait plus au nord.)

N° **7**. Amorce d'une arcade de l'ancienne église des Mathurins.

Rue Du-Sommerard.

S'appelait rue des Mathurins-St-Jacques dans sa partie comprise entre le boulevard St-Michel et la rue St-Jacques, après s'être appelée rue du Palais-des-Thermes en 1220. La partie comprise entre la rue St-Jacques et la rue Jean-de-Beauvais est moderne et est située sur l'emplacement de la commanderie de St-Jean-de-Latran. La partie entre la rue Jean-de-Beauvais et la rue des Carmes est également récente et occupe l'emplacement d'une partie de l'ancien collège de Beauvais et de l'ancien collège de Presles. Le nom de Du Sommerard a été donné à la rue en 1867 en l'honneur du collectionneur, qui fut le fondateur du musée des Cluny (1779-1842). Catinat habita la rue des Mathurins.

* N° **24**. Musée de Cluny et palais des Thermes. Constance Chlore construisit le palais des Thermes, et son petit-fils Julien y fut proclamé empereur romain en 360. Le palais fut habité par les empereurs romains et plusieurs rois de France de la première race. Sous Philippe VI, Pierre de Chaslus, abbé de Cluny, acheta en 1340 les restes du vieux palais et à sa place s'éleva le bel hôtel gothique dit de Cluny, qui, commencé par

Pierre de Chaslus, fut continué par Jean de Bourbon et achevé en 1490, sous Louis XII, par Jacques d'Amboise. On voit encore les armes de ce dernier sur les murs (coquilles de pèlerin). Les abbés de Cluny habitèrent peu ce palais qu'ils louèrent. Marie d'Angleterre, veuve de Louis XII, dite la reine Blanche à cause de la couleur de son deuil, y fit un séjour. François Iᵉʳ y surprit cette dernière avec le duc de Suffolk et les fit immédiatement marier par un cardinal amené avec lui. En 1536 Jacques V, roi d'Écosse, vint y loger et y épousa Madeleine, fille de François Iᵉʳ. En 1579 une troupe de comédiens s'y installa, mais les Confrères de la Passion, installés à l'hôtel de Bourgogne, firent fermer le théâtre. Parmi les personnages illustres dont le séjour à l'hôtel Cluny est constaté nous citerons encore les princes de la maison de Lorraine et entre autres le cardinal de Lorraine, son neveu le duc de Guise, le duc d'Aumale en 1565, les nonces du pape en 1601, l'abbesse de Port-Royal-des-Champs en 1625, l'astronome Lalande au XVIIIᵉ siècle et l'astronome Messier qui habita et mourut en 1817 dans la tour de Cluny où était installé alors l'Observatoire de la Marine.

En 1790 les Thermes et l'hôtel de Cluny devinrent propriété nationale et furent vendus à des particuliers. Une section du quartier y tint ses séances. La grande salle des Thermes servit à un tonnelier, puis d'atelier à des blanchisseuses, puis fut concédée par décret impérial de 1807 à l'hospice de Charenton. On coupa la chapelle en deux et l'ancien hôtel abbatial devint une sorte d'hôtel meublé. Le premier et le second furent occupés par la typographie Le Prieur. C'est en 1833 que M. Du Sommerard, amateur éclairé, fit choix de ce vieux manoir pour abriter ses précieuses collections d'objets d'art du

Moyen âge et de la Renaissance réunies par ses soins pendant quarante années de recherches et d'études. A la mort du célèbre antiquaire la direction des Beaux-Arts acheta pour une faible somme, consentie par les héritiers dans un esprit de patriotisme, la belle collection de M. Du Sommerard et le gouvernement de Louis-Philippe acheta en 1843 l'hôtel qui appartenait alors à Mme Le Prieur. La salle des Thermes fut rachetée à l'hospice de Charenton en 1837 et le musée fut inauguré en 1844. Le directeur actuel est M. E. Haraucourt, homme de lettres, qui y est logé. Les écussons, les insignes et les devises qui se présentent dans les tympans des hautes lucarnes de la façade principale sont ceux de la famille d'Amboise. L'aile gauche de l'entrée est percée de quatre arcades ogivales ; les bâtiments de l'aile opposée renfermaient à leur rez-de-chaussée les cuisines et les offices. Près du puits qui a conservé son ancienne ferrure, on voit sur le mur le tracé de la circonférence de la fameuse cloche appelée Georges d'Amboise qui aurait été coulée en fonte dans la cour de l'hôtel de Cluny et qui était destinée à la cathédrale de Rouen. La façade sur le jardin est plus sévère et ne possède pas de galeries à jour comme la façade principale, mais elle est très intéressante avec sa demi-coupole, ses lucarnes travaillées à jour, ses gargouilles. Nous ne pouvons pas ici naturellement nous occuper davantage de l'hôtel de Cluny sur lequel il faudrait écrire des volumes. Ajoutons simplement que l'escalier en bois qui, du rez-de-chaussée, donne accès aux galeries du premier étage et porte les armes de France et de Navarre ainsi que les chiffres couronnés de Marie de Médicis et de Henri IV, provient de l'ancienne Chambre des Comptes de Paris. La chambre de la reine Blanche porte encore la décoration peinte au XVIe sièele, qui semble être l'œuvre des décorateurs italiens. La chapelle qui est contiguë possède des voûtes à fines nervures qui retombent en faisceaux sur un pilier central isolé, et douze niches travaillées à jour. L'escalier qui s'ouvre dans l'angle de la chapelle descend dans une salle basse dont la voûte aux arcades ogivales est supportée par un pilier central surmonté d'un chapiteau sur lequel est sculpté le chiffre de Charles VIII. Cette salle basse réunit l'hôtel de Cluny au Palais des Thermes, où nous allons entrer.

La grande salle est l'ancien frigidarium, ou salle des bains froids du palais. On voit dans les niches les vestiges des canaux qui apportaient l'eau pour le service des bains. Du frigidarium, en traversant une petite pièce construite au-dessus d'un caveau, on arrive au tepidarium ou salle des bains chauds, où on retrouve les niches destinées à recevoir les baignoires. En descendant quelques marches on arrive à l'hypocaustum qui était le fourneau servant au chauffage des bains. Dans le frigidarium se trouvent actuellement les premiers monuments de l'histoire de Paris. Nous y voyons un autel du règne de Tibère, autel qui avait été élevé par les nautes parisiens, etc.

Le **jardin de Cluny** a été formé en 1856, époque où l'hôtel de Cluny fut raccordé par Albert Lenoir avec l'ancien palais des Thermes. Ce square possède de nombreux monuments intéressants. Nous y voyons entre autres le portail de la chapelle de la Vierge de l'abbaye St-Germain-des-Prés, œuvre de P. de Montereau, le pinacle de la chapelle du château de Vincennes, le portail des Bénédictins d'Argenteuil, etc.

(On peut visiter le musée de Cluny, qui renferme des trésors merveilleux, tous les jours sauf le lundi de 11 heures à

4 heures et jusqu'à 5 heures en été. Le dimanche on ferme toujours à 4 heures.)

N° **20**. De l'angle de la rue St-Jacques jusqu'à l'hôtel de Cluny s'étendait le couvent des Mathurins, ordre pour la rédemption des captifs. Ces religieux étaient venus s'installer là dans les bâtiments d'un ancien hôpital créé sous l'invocation de St Mathurin. La rue de Cluny entre la rue Du Sommerard et le boulevard St-Germain a été percée sur l'emplacement de cet ancien couvent.

N° **25**. Curieuse échoppe. Peintures murales représentant l'hôtel de Cluny. M. Pessard, dans son *Dictionnaire historique*, nous dit que c'est l'échoppe de Jacques Le Lorrain, poète savetier.

N° **12**. École spéciale des travaux publics.

Rue Jean-de-Beauvais.

La rue, qui date du commencement du xive siècle, doit son nom à la chapelle St-Jean du collège de Dormans-Beauvais. Le côté pair longeait jadis la commanderie des Frères hospitaliers de Jérusalem. La rue, bien transformée aujourd'hui par le percement de la rue des Écoles, était jadis habitée par des imprimeurs. Robert Estienne y créa sa maison et Quicherat y habita.

N° **3**. Vieille maison, ainsi qu'au 9 qui a un toit curieux.

N° **9** *bis*. Ancienne chapelle transformée du collège de Beauvais, construite en 1380 aux frais de Jules Dormans, évêque de Beauvais. Charles V en posa la première pierre. Temple de la Raison installé par Chaumette pendant la Révolution. Chapelle des Dominicains de 1868 à 1889. Aujourd'hui chapelle roumaine.

Le collège de Dormans-Beauvais avait été fondé en

1370. Jacques Grévin y fit représenter en 1560 *les Esbahis* en présence de la Cour. Cyrano de Bergerac y fut élevé. Le collège fut réuni à Louis-le-Grand en 1763 et le collège de Lisieux se transporta en 1764 dans les bâtiments du collège de Dormans-Beauvais. Le collège de Lisieux vécut là comme collège de plein exercice jusqu'à la Révolution. Les bâtiments de l'ancien collège servirent de caserne de 1830 à 1861, puis furent occupés par les Dominicains. En face de la porte de la chapelle du collège de Beauvais se trouvait le collège de Tonnerre qui avait été fondé en 1407 par Richard Poupin, abbé de St-Jean. Ce collège éphémère subsista seulement jusqu'en 1440.

N° 10. Rue de Latran (1883). La rue a été ouverte sur l'emplacement de la commanderie de St-Jean-de-Latran établie par les chevaliers hospitaliers de St-Jean-de-Jérusalem en 1171. L'église St-Jean-de-Latran possédait le cœur du commandeur de Souvré. (Monument d'Anguier, actuellement au Louvre.) Dans cette église fut célébré, en 1763, un service solennel pour Crébillon auquel tous les comédiens assistèrent et firent les honneurs, ce qui valut au curé une condamnation de trois mois de séminaire pour avoir communiqué avec des excommuniés. L'ordre fut supprimé en 1790. L'église et la commanderie furent démolies en 1854 ainsi que la tour du Commandeur qui s'appelait tour Bichat depuis 1830, parce que le célèbre médecin y faisait ses cours. Cette tour datait de Philippe Auguste. L'ancienne rue Jean-de-Latran, qui faisait partie de la place Cambrai disparue en 1854, s'était appelée en 1175 rue de l'Hôpital, puis rue de St-Jean-de-Jérusalem. C'est dans cette ancienne rue disparue qu'habitait le célèbre imprimeur Gilles de Gourmont qui, en 1507, imprima le premier livre grec à Paris.

Nº **11**. Porte ancienne.

Nº **31**. Vieille maison ainsi qu'au 33.

Dans la rue Jean-de-Beauvais, du côté impair, à peu près à hauteur de la rue des Écoles, se trouvait jadis l'école de Droit Canon qui resta là jusqu'à son installation rue St-Étienne-des-Grès. La rue Jean-de-Beauvais commençait jadis rue des Noyers, elle commence actuellement au boulevard St-Germain sur lequel nous devons jeter un coup d'œil.

Boulevard St-Germain.

(Partie comprise depuis le boulevard St-Michel jusqu'à la rue des Fossés-St-Bernard.)

Cette partie, ouverte en 1855, a absorbé l'ancienne rue des Noyers du XIIIᵉ siècle, qui allait de la rue de la Harpe à la rue de la Montagne-Ste-Geneviève. Entre la rue de la Harpe et la rue St-Jacques, la rue des Noyers avait absorbé elle-même l'ancienne rue du Foin. J.-B. Rousseau, frère de Jean-Jacques, est né dans cette rue des Noyers, ainsi qu'Alfred de Musset dont la maison natale subsiste encore. Laplace habita également cette rue disparue aujourd'hui à l'exception des maisons numérotées de 49 à 61 sur le boulevard actuel.

Nº **90**. Là se trouvait, comme nous l'avons dit en parlant de la rue Boutebrie, l'ancien collège de maître Gervais qui avait été fondé en 1375. Le collège de maître Clément fondé en 1349 rue Hautefeuille lui fut réuni. Le collège fut supprimé à la Révolution et les bâtiments devinrent une caserne, dite des Noyers, qui disparut lors de l'ouverture du boulevard St-Germain. Charles Garnier est mort au 90 actuel en 1898.

Nº **71**. Théâtre de Cluny. S'est appelé primitivement

lors de sa création Athénée Musical (1862), puis Théâtre St-Germain (1864), Théâtre de la Folie St-Germain (1866 à 1868), puis Théâtre de Cluny. Le théâtre occupe une partie de l'emplacement de l'ancien couvent des Mathurins.

N° **61** *bis*. De ce point jusqu'au 49 nous voyons des vieilles maisons qui sont les subsistantes de l'ancienne rue des Noyers.·

N° **57**. Alfred de Musset y est né en 1810 (Inscription.) Vieux puits dans la cour.

N° **2**. Read, le fondateur de Carnavalet, y est mort.

Rue du Cardinal-Lemoine.

La partie comprise entre la Seine et la rue des Écoles a été ouverte en 1824 à travers les terrains du collège du Cardinal-Lemoine, collège qui avait été fondé en 1302 et qui fut supprimé à la Révolution. Ce collège s'ouvrait à l'ancien 66 de la rue St-Victor et il était séparé par la Bièvre du collège des Bons-Enfants. Les bâtiments furent tranformés en caserne de la Garde municipale jusqu'en 1848, de la Garde de Paris sous l'Empire, et de nouveau de la Garde Municipale en 1870. Ils disparurent lors du percement de la rue des Écoles. C'est au collège du Cardinal-Lemoine que Tallien, fils du concierge du marquis de Bercey, fit ses études et y eut Lhomond comme professeur.

La partie de la rue qui était comprise entre la rue St-Victor et la rue Thouin s'appelait jadis rue des Fossés-St-Victor et rue Loustalot en 1792. Ronsard habita cette rue des Fossés St-Victor près des remparts. La maison de Baïf y était également située sur l'emplacement du couvent des Religieuses anglaises. L'historien St-Foix y habita ainsi que Buffon en 1771.

La partie de la rue comprise entre la rue Thouin et la place de la Contrescarpe s'appelait rue de la Contrescarpe-St-Marcel. Le tout a été réuni sous une dénomination unique en 1868 en l'honneur du cardinal mort en 1313.

N° 5. Rue des Chantiers. Créée en 1824 à travers les terrains d'un chantier dit du Cardinal-Lemoine. Au 7 se trouve une maison construite en 1876 où on a découvert des fragments d'une ancienne porte de l'enceinte de Philippe-Auguste. Dans la cour se trouve une plaque de marbre contenant l'indication d'une portion de l'enceinte, et l'emplacement d'une tour. Dans cette maison se trouve le cercle des Maçons et Tailleurs de pierre fondé en 1867 par Arnoul Montazeau sur les instances de l'évêque de Limoges.

N° 18. Cité du Cardinal-Lemoine.

N° 26. En 1908, lors des travaux de fondation de l'école maternelle, on a mis à jour un fragment de l'enceinte de Philippe Auguste dans lequel se trouve une sorte d'arche. Par là passait la Bièvre avant sa dérivation. On a découvert également dans ces fondations un curieux cercueil en plomb.

N° 28 *bis*. Là se trouvait sous le second Empire un passage conduisant rue de Poissy et dans ce passage se trouvait un théâtre d'étudiants, dit Théâtre Latin. Le fond de la cour est sur l'emplacement du mur de Philippe-Auguste.

N° 30. Bâtiment de l'ancien séminaire St-Firmin (Voir 2, rue des Ecoles).

N° 37. Inscription posée par les soins de la Commission municipale du Vieux Paris rappelant l'ancien nom de la rue des Fossés-St-Victor.

* N° **49**. Bel hôtel du peintre Lebrun, élevé par Boffraud. Watteau y logea quelque temps. Lebrun posséda également le 51 où il habita. Le 49, où nous voyons un beau fronton, devint par la suite Institution de Reuss, puis Institution Chevalier, avant d'être livré à l'industrie. Au 51 actuel, est le « Droit Humain », centre d'action pour le mouvement féministe.

N° **53**. Dans la maison qui se trouvait sur cet emplacement, Mlle de Blosset fonda en 1636 une communauté dite de la Sainte-Famille qui devint la congrégation des Filles de Ste-Geneviève.

Le côté gauche de la rue du Cardinal-Lemoine depuis la rue des Boulangers jusqu'aux Écossais (65 actuel), était occupé par le couvent des Anglaises. Ce couvent avait été établi là en 1644 sur l'emplacement de la maison où habitait le poète Baïf. Le couvent et le pensionnat des Dames anglaises chanoinesses régulières de l'ordre de St-Augustin avaient été fondés à Paris en 1634 par Thomas Carre, prêtre, et Mme Tredway, rue d'Enfer, puis au faubourg St-Antoine, et enfin rue des Fossés-St-Victor où ils restèrent plus de deux siècles. Le nouveau monastère prit le nom de Mont-de-Sion. Le couvent fut confisqué pendant la Révolution, mais pendant toute la Terreur on célébra sans interruption les offices dans la chapelle des Dames anglaises. Le couvent fut rendu aux religieuses par Napoléon en 1806. George Sand fut élevée dans le pensionnat annexe. Les religieuses furent expulsées en 1859 pour cause d'utilité publique (percement de la rue Monge) et elles allèrent s'installer à Neuilly. Le couvent fut démoli en 1861.

N° **50. Rue Clopin**. Doit son nom à une maison Clopin (1248). L'historien Lefeuve dit qu'on la nommait ainsi parce qu'on devait y boiter en en faisant l'ascension. La rue allait jadis jusqu'à la rue Descartes : une grande partie en a été absorbée par l'École Polytechnique.

* **N° 65**. Ancien collège des Écossais fondé en 1325 par David, évêque de Murray, et en 1603 par Jacques de Béthune, archevêque de Glascow. Ces deux fondations furent réunies en 1639. Le collège était situé rue des Amandiers. Il fut transféré ici en 1662 par Robert Barclay, qui fut administrateur de 1652 à 1682. Le collège fut supprimé en 1792 et les archives furent saisies. Pendant la Terreur ce fut une prison et St-Just y fut incarcéré quelques heures. Après la Révolution les Ecossais reprirent possession de leur immeuble. Sous Louis-Philippe : Institution Delavigne ; puis Institution Beauchef ; puis Institution Barathier (1859 à 1861), Institution Chevallier (1861-1875), Institution Grousset. La chapelle de 1672 existe toujours, bien que le cabinet de physique en occupe presque la moitié. Dans cette chapelle se trouve le tombeau de Jacques II par Garnier et nous y voyons des plaques en l'hohneur de Marius O'Cruoly, de Louise-Marie Stuart, fille de Jacques II et de Béatrix d'Este, de Jacques Drummond duc de Perth, de Marie-Béatrix d'Este, et de la duchesse de Tyrconnel (1731), bienfaitrice du collège. Escalier monumental avec une rampe massive à balustres de bois. La maison est terre anglaise et appartient toujours aux ayants droit des fondateurs écossais dont le représentant en France était dernièrement encore l'économe du séminaire St-Sulpice. Sur la façade se trouve une inscription rappelant l'ancien nom de la rue. Nicolas de Fourcy, prévôt des marchands, avait fait abaisser la rue en 1685, de sorte que le rez-de-chaussée des Écossais est devenu le premier. (Voir la porte.)

N° 62. On y voit au fond de la cour des fragments du mur de Philippe Auguste ainsi qu'au 64 et au 66.

N° 69. Orphelinat des Sœurs de St-Vincent-de-Paul. De ce numéro jusqu'à la rue Rollin se trouvait le couvent de St-Charles des Pères de la Doctrine Chrétienne qui succéda ici en 1627 à un ancien hôtel de Verberie. Les Pères de la Doctrine Chrétienne avaient été institués au XVIe siècle par César de Bus. Le couvent fut supprimé en 1792, et l'église, dédiée à St Charles Borromée, devint par la suite école des frères (10, rue Rollin).

N° 70· Inscription ancienne : Rue Contrescarpe.

Rue Thouin.

La partie comprise entre la rue du Cardinal-Lemoine et la rue Mouffetard est un tronçon de l'ancienne rue des Fossés-St-Victor (1685). La partie entre les rues Monffetard et de l'Estrapade représente l'ancienne rue de Fourci ou de Fourcy-St-Jacques, ouverte en 1685 par le prévôt des marchands de ce nom. Nom actuel en 1865 en mémoire d'André Thouin, botaniste (1746-1824). Le côté pair de la rue avant la rue Descartes était occupé jadis en partie par un jeu de paume où fut monté le théâtre de Turlupin. On y voyait la farce pour 2 sols 6 deniers. Les comédiens de l'hôtel de Bourgogne se plaignirent de la concurrence, et par ordre de Richelieu, les trois acteurs qui composaient la troupe, Turlupin, Gros-Guillaume et Gautier-Garguille, furent réunis à la troupe de l'hôtel de Bourgogne.

N° 1. Inscription presque effacée de l'ancien nom de la rue.

N° 8. Grille de marchand de vin ainsi qu'au 10.

N° **10**. Temple de la nouvelle église dite Nouvelle de Jérusalem. (Médaillons dans la cour.)

N° **12**. Librairie de la Société Swedenborgienne (lecture gratuite).

La petite place triangulaire située au débouché de la rue représente l'ancienne place de Fourcy, jadis de l'Estrapade. C'est dans une maison de cette place que mourut Perrault, l'architecte, en 1688. Son frère, l'auteur des *Contes de Fées*, y mourut également en 1703. Leur voisin, l'acteur Baron, élève de Molière, mourut également dans une maison de l'ancienne place de Fourcy en 1729.

Rue de l'Estrapade.

Jadis des Fossés-St-Marcel, puis de la Vieille-Estrapade. Ce nom de sinistre mémoire rappelle le supplice barbare qui était infligé aux soldats indisciplinés sur la place du même nom. Le côté pair de la rue longeait les jardins des Genovéfains.

N° **1**. Emplacement d'un ancien tripot.

N° **3**. Maison édifiée en 1681 sur les terrains du jeu de paume de Monplaisir. La porte subsiste, mais la façade a été réhabillée et deux étages ont été ajoutés. Diderot y a habité et c'est là qu'il y fut arrêté en 1749. La maison est donc le berceau de l'*Encyclopédie*. François Soufflot peut y avoir habité. Le physicien Fizeau l'habita jusqu'à sa mort en 1876.

N°ˢ **5 et 7.** Belles portes et bel escalier au 7. La maison a été construite en 1827; fut un hôtel particulier, puis pension Jubé jusqu'en 1869. Librairie Magnier.

N° **9**. Vieille maison.

N° **11**. Maison du XVIIIᵉ siècle.

N° **29**. Cette maison, qui s'ouvre 1, place de l'Estrapade, est sur l'emplacement du jeu de paume du Grand Braque. Le chiffre S. M. que l'on voit dans les ferrures de la petite porte est celui de Silvain Moreau, premier propriétaire de la maison reconstruite après 1774. Contrairement à une tradition, Diderot n'y a pas habité. La maison a été habitée par le graveur Tardieu, le graveur Leroux qui y mourut en 1871 et par le graveur Alphonse François qui y mourut en 1893.

Nº 29. Place de l'Estrapade. C'était sur cette place que l'on faisait subir aux soldats indisciplinés le châtiment de l'estrapade. Sur cette place, qui s'appelait carrefour de Braque sous François Iᵉʳ, et dernièrement encore place de la Vieille-Estrapade, se tenait le Théâtre des Muses qui fut fermé en 1792. Le citoyen Cardinaux rouvrit le théâtre qui était fermé depuis trois ans et y célébra les anniversaires nationaux par des discours, des symphonies et des danses à la grecque. Cardinaux fut expulsé peu après pour manque d'argent. Sur cette place se trouvait le bureau des Falots en 1784. Joseph Vernet y habitait en 1793.

Nº 17. Rue Clotilde. Ouverte en 1841 sur l'emplacement des bâtiments et des jardins de l'abbaye Ste-Geneviève. Cette rue longe le petit lycée Henri IV et le lycée lui-même, et nous voyons la série de baies ogivales de la façade latérale de l'ancien cloître des Génovéfains refaite en 1746.

Place du Panthéon.

La place a été commencée en 1770. Elle a été modifiée et redressée en 1807.

Nº 1. Emplacement des anciens réservoirs de l'Estrapade, dits réservoirs du Panthéon, démolis en 1908 après un siècle environ d'existence.

Nº **5** *bis.* Habité par M. J. Jacquet, artiste graveur.

Nº **7.** Habité par M. R. Ménard, artiste peintre.

* Nº **13.** Mairie du Vᵉ arrondissement (1851). Les bâtiments ont été commencés en 1844 et achevés en 1846 par Hitorff. Presque en face sur la place se trouve la statue de J.-J. Rousseau, œuvre du sculpteur Berthet (1887). La statue a été décrétée par l'Assemblée nationale en 1791 et son érection sur une place publique par la Convention en l'an II.

* Nº **10.** Emplacement de l'ancien collège de Lisieux exproprié et démoli en 1763. Un arrêt du Parlement de 1762 prescrivit l'ouverture des classes de Lisieux dans les bâtiments de Louis-le-Grand et c'est pour éviter cette disgrâce que Lisieux se transporta en 1764 dans le collège de Dormans-Beauvais qui, lui, se transporta à Louis-le-Grand. Sur l'emplacement du collège de Lisieux démoli, Soufflot construisit la Faculté de Droit. Le bâtiment fut commencé en 1772, inauguré en 1783 et terminé en 1823. (Joli médaillon de Louis XVI au-dessus de la porte d'entrée. Au bas de l'escalier se trouve la statue de Cujas.)

Nº **8.** Emplacement de l'ancien collège de Montaigu qui avait été fondé en 1314 par A. de Montaigu, archevêque de Rouen. Ignace de Loyola, Érasme et Calvin y firent leurs études. Le collège, supprimé à la Révolution, fut transformé en hôpital en 1792, puis en prison militaire. (Hôtel des Haricots.) Le bâtiment actuel a été construit en 1844. En 1850 on y transféra la bibliothèque Ste-Geneviève qui avait été fondée en 1624 par les Genovéfains. Le cardinal François de La Rochefoucauld, grand aumônier de Louis XIII, avait été un des bienfaiteurs de cette bibliothèque qui s'était enrichie en 1710 de celle de Mgr Le Tellier, archevêque de Reims. Avant la Révolution elle était ouverte aux savants trois fois par semaine. Elle devint propriété nationale en 1790; et devint publique tous les jours sous l'Empire sous le nom de Bibliothèque du Panthéon. La bibliothèque actuelle contient plus de 200 000 volumes. La salle de lecture au premier étage a la dimension de l'édifice. Dans le vestibule du rez-de-chaussée se trouvent des bustes de personnages célèbres, entre autres celui d'Ulric Gering, le célèbre imprimeur.

N° 6. Administration de la Bibliothèque.

* Le Panthéon a été construit à la suite d'un vœu fait par Louis XV, malade à Metz. Il a été édifié sous le nom d'église Ste-Geneviève à l'aide d'une partie des fonds provenant de trois loteries, sur les plans de l'architecte Soufflot. Les premiers travaux commencèrent en 1755 et en creusant le sol on découvrit sur cet emplacement plusieurs puits rapprochés les uns des autres et contenant des débris de vases. Ces puits servaient à l'extraction de la terre à potier et il est bon de rappeler ici que les potiers de Lutèce furent célèbres. Les piliers du dôme furent commencés en 1764. Pendant la construction, des tassements se produisirent et il y eut des craintes pour l'écroulement du monument. Soufflot désespéré mourut en 1781 sans avoir pu achever son œuvre. Le 4 avril 1791 l'église Ste-Geneviève devint le Panthéon et fut dédiée au culte des Grands Hommes. Napoléon le rendit au culte (1806) et l'Église fut remise à l'archevêque de Paris en 1822. Elle redevint Panthéon en 1830. L'inscription : « Aux grands hommes, la Patrie reconnaissante », fut replacée le 27 juillet 1830 par Éric Besnard, comédien de l'Odéon, aux applaudissements de la foule. Un décret du Prince-Président en 1851 y rétablit le culte de Ste Geneviève. Les choses en restèrent là jusqu'en 1885, où l'église redevint de nouveau Panthéon à l'occasion des funérailles de Victor Hugo, dont le cercueil après avoir passé une nuit triomphale sous l'Arc de Triomphe y fut amené dans le « corbillard des pauvres ». Le corps de Mirabeau y avait été amené en 1791 triomphalement, mais sur la proposition de Joseph Chénier, la Convention, en 1793 ordonna qu'il fût remplacé par celui du « vertueux Marat ». Ce dernier fut également « dépanthéonisé » à son tour quelques mois après. Les dépouilles de Voltaire et de J.-J. Rousseau y furent triomphalement amenées (leurs tombes furent ouvertes en 1877). On transféra également au Panthéon les restes de Lepelletier de St-Fargeau. Sous l'empire un peu plus de quarante personnes reçurent cet honneur, entre autres le maréchal Lannes, le cardinal Caprara, le ministre Portalis, le comte de Caulaincourt, etc. Plus tard on y transféra les restes de Lazare Carnot, exhumés de Magdebourg, de Baudin, de Marceau, de La Tour d'Auvergne, du président Carnot, de Victor Hugo, de Berthelot, etc. C'est au Panthéon qu'en février 1851 Foucauld fit ses expériences pour démontrer la rotation de la terre.

La façade du Panthéon est imitée du Panthéon d'Agrippa à Rome. Le fronton triangulaire a été sculpté par David d'Angers. Les peintures de la coupole représentant l'apothéose de Ste Geneviève sont du baron Gros. (Décoration de Puvis de Chavannes, Cabanel, J.-P. Laurens, Bonnat, Detaille, etc.). (Visiter les caveaux.) Sur les piliers du dôme se trouvent des plaques de marbre avec la liste des citoyens tués dans les journées de juillet 1830. On a inauguré en 1906, devant le péristyle du Panthéon, le *Penseur* de M. Rodin. Non loin de là on avait inauguré en 1906 la maquette d'une statue de Pierre Corneille, œuvre du sculpteur Allouard, mais la statue n'y est pas encore (1909). Le citoyen Millière, de la Commune, fut fusillé sur les marches du Panthéon en 1871 et la croix qui avait été démolie par la Commune fut rétablie en janvier 1873.

Rue Soufflot.

Créée en 1760 et achevée en 1853. Nom en 1807 en l'honneur de l'architecte du Panthéon (1714-1781).

Nº 1. Mairie du Vᵉ arrondissement.

Nº 3. Décoré de statues.

Nº 11. **Rue Paillet** (1876). Nom en l'honneur de Victor Paillet, avocat et professeur à l'École de Droit (1795-1855).

Nº 17. **Rue Le-Goff** (1546). Jadis rue Ste-Catherine-d'Enfer, entre les rues Malebranche et Royer-Collard. Prolongée jusqu'à la rue Soufflot en 1854. Nom actuel en 1880 en souvenir d'un élève stagiaire au Val-de-Grâce, mort en 1870 victime de son dévouement en faisant pratiquer sur lui l'opération de la transfusion du sang.

Nº 20. Emplacement de l'ancien Parloir aux Bourgeois (?) L'inscription est incertaine. Du xiiiᵉ au xivᵉ siècle le Parloir se trouvait sur la place actuelle du Châtelet et rien ne prouve que la Tour vulgairement appelée le Parloir, près l'ancienne porte St-Jacques, ait jamais été le siège de la Prévôté des Marchands.

Nº 16. **Rue Toullier.** Ouverte en 1826 entre les rues Soufflot et Cujas. Elle faisait partie de la rue aux Porées, plus tard rue Neuve-aux-Poirés. Nom en 1864 en mémoire de Toullier, jurisconsulte (1752-1835).

Nº 14. Emplacement du couvent des Dominicains ou Jacobins (1217 à 1790), célèbre par l'enseignement

d'Albert le Grand et de St Thomas d'Aquin, par ses
sépultures royales et par celle du dauphin du Viennois,
Humbert II, qui en se faisant dominicain donna le Dau-
phiné à la France. (Inscription.)

N° **2.** École de Droit.

On a reconnu en 1878 dans les fouilles de la rue
Soufflot les ruines d'un grand édifice romain qui était
vraisemblablement une caserne.

Rue Cujas.

La partie qui allait de la rue des Sept-Voies (Valette)
à la rue St-Jacques existait au commencement du
XIIIᵉ siècle et s'appela dès 1243 rue St-Étienne-des-Grès.
La partie comprise entre la rue St-Jacques et le boulevard St-Michel ne fut achevée qu'en 1846 sur l'emplacement de l'ancien passage des Jacobins, jadis passage
Coupe-Gueule, et s'appela rue des Grès, de la rue
St-Jacques à l'ancienne rue de la Harpe. Nom actuel en
1865 en l'honneur du jurisconsulte Jacques Cujas
(1522-1590).

N° **2.** Collège Ste-Barbe. (Voir 4, rue Valette.)

N° **4.** Du côté pair de la rue et avant d'arriver rue
St-Jacques se trouvait le collège des Cholets (emplacement du côté sud du lycée Louis-le-Grand). Ce collège,
fondé en 1281 et réuni à Louis-le-Grand en 1678, s'ouvrait sur la rue St-Étienne-des-Grès et était séparé du
collège Montaigu (aujourd'hui bibliothèque Ste-Geneviève) par la rue des Chiens qui possédait l'église
St-Symphorien vendue au collège Montaigu en 1622.

N° **5.** L'église St-Étienne-des-Grès, ainsi nommée à
cause des grès ou marches qu'il fallait monter pour arriver à son perron, avait été fondée en principe par

St Denis et existait là dès le xiᵉ siècle. Elle fut démolie en
1792. La bibliothèque de l'École de Droit, fondée en 1773
et transférée ici en 1877, occupe l'emplacement de l'habitation des membres du chapitre de St-Étienne-des-Grès.
La partie de la rue Cujas comprise entre la rue St-Jacques et la rue Victor-Cousin occupe l'emplacement d'une
partie du couvent des Jacobins et de son église. La partie
entre la rue Victor-Cousin et le boulevard St-Michel est
également sur l'emplacement de bâtiments dépendant
jadis des Jacobins. Le couvent des Jacobins avait été
fondé en 1217. Les Jacobins ou Frères Prêcheurs, congrégation formée par St Dominique, devaient leur nom
à une petite chapelle dédiée à St Jacques. Les bâtiments du monastère furent reconstruits en 1558. Jacques
Clément, qui assassina Henri III, était moine dans ce
couvent. Le couvent qui tombait en ruines fut vendu en
1790 et démoli. Sur son emplacement furent percées les
rues Cujas, Victor-Cousin, Soufflot, Toullier. Ce couvent, célèbre par l'enseignement d'Albert le Grand et de
St Thomas d'Aquin, possédait une église qui renfer-
mait plusieurs tombeaux de rois, reines, princes et
princesses de la famille royale. Charles de France,
comte de Valois, chef de la branche de ce nom, y fut
inhumé, ainsi que Charles de Valois, comte d'Alençon,
Agnès de France, fille du duc de Normandie, Louis de
France, comte d'Évreux, Robert de France, comte de
Clermont, Louis Iᵉʳ, duc de Bourbon, Pierre, duc de
Bourbon et comte de la Marche, Louis III de Bourbon,
etc. Cette église possédait également les cœurs de Philippe le Hardi et de Charles le Bel, rois de France, de
Philippe III, roi de Navarre, de Charles de France, roi
de Naples, les entrailles de Philippe V et de Philippe
de Valois, rois de France, etc. Jean de Meung, le conti-

nuateur du roman de la Rose, et Jean Passerat avaient été également inhumés aux Jacobins.

N° **21**. Emplacement des anciennes infirmeries des Jacobins, qui se trouvaient dans une construction à tourelles. Cette construction servit après 1814 à une caserne de pompiers, puis fut prison des Jeunes-Détenus, quartier de la garde municipale et école communale. Le bâtiment qui était de style gothique disparut vers 1860. Le réfectoire des Jacobins était sur l'emplacement du côté sud de la Sorbonne.

Rue Victor-Cousin.

La rue a été ouverte au XIIIᵉ siècle entre la place de la Sorbonne et le couvent des Jacobins et s'appela rue de Cluny. Elle a été prolongée jusqu'à la rue Soufflot en 1849 et a reçu en 1864 son nom actuel en l'honneur du philosophe (1792-1867). Dans la rue s'ouvrait avant 1892, du côté impair, la rue des Cordiers qui datait de 1250. Elle était perpendiculaire à la rue Victor-Cousin et rejoignait la rue St-Jacques (emplacement de la Sorbonne). Dans cette rue des Cordiers se trouvait l'hôtel meublé de St-Quentin qui fut habité par Gresset, Condillac, Mably et par J.-J. Rousseau qui y fit la connaissance de Thérèse Levasseur qui y était servante. Plus tard G. Sand, Hégésippe Moreau, Gustave Planche, Sandeau logèrent également à cet hôtel. Dans la rue des Cordiers s'ouvrait l'ancienne rue aux Poirées (1264) qui a disparu, ainsi que la rue des Cordiers, dans les bâtiments de la Nouvelle Sorbonne.

N° **13**. Cinéma du Panthéon.

N° **2**. De cet emplacement jusqu'à la rue Cujas se trouvait le collège de Cluny qui avait été fondé en 1269

par Yves de Vergy, abbé de Cluny. Il était exclusivement
destiné à l'étude de la philosophie et de la théologie. Il
fut supprimé en 1790. L'ancienne chapelle servit d'atelier
à David avant d'être utilisée comme magasin de papiers
et elle fut démolie sous Napoléon III.

Nº 1. Faculté des Sciences. Non loin de là, sur l'emplacement de l'ancien 5 qui a disparu dans les agrandis-
sements de la Sorbonne, se trouvait la maison dite du
bourreau dont la porte était ornée de deux haches de
fer.

Place de la Sorbonne (1634).

Sur cet emplacement s'élevaient jadis le collège des
Dix-Huit (1170-1639) et le collège de Calvi qui furent
jetés bas au xviiᵉ siècle. Le côté sud de la place, au coin
de l'actuelle rue Victor-Cousin, était occupé par le
collège de Cluny. En 1793 la place reçut le nom de
Châlier, ce jacobin lyonnais ami de Robespierre. Avant
la création du boulevard St-Michel (1855) la place n'était
pas aussi grande qu'aujourd'hui et elle communiquait
avec la rue de la Harpe par la rue Neuve-de-Richelieu,
jadis du Trésorier, qui a été englobée dans la place
actuelle. Le monument d'Auguste Comte au centre de
la place a été inauguré en 1902.

Nᵒˢ 2, 4 et 6. Là se trouvaient, faisant retour sur la
rue de la Sorbonne et sur la rue Champollion, les bâtiments des écoles extérieures de la Sorbonne. Ces bâtiments s'appelaient en 1652 collège Richelieu, puis
collège de la Sorbonne, puis écoles de la Sorbonne.
C'était dans ces bâtiments que l'on prononçait tous les
ans, depuis 1684, le panégyrique de Louis XIV; on y sou-
tenait des thèses et de 1746 à la Révolution on y distri-

buait les prix du concours général qui avait été institué
par l'abbé Legendre, chanoine de l'église de Paris. En
1751, le duc d'Orléans y fonda une chaire pour l'inter-
prétation des textes hébreux, puis on y enseigna la
théologie. C'est dans ces écoles extérieures que Napoléon
logea plus tard des artistes pour ne plus en garder au
Louvre. C'est ainsi que les sculpteurs Dumont, Foucou,
Ramey y étaient en 1810 et Prud'hon en 1818. Ces bâtiments disparus servirent ensuite à des particuliers.

N° **8**. Emplacement de l'ancien collège du Trésorier
fondé en 1268 par Guillaume de Saône, trésorier de
l'église de Rouen. Ce collège fut supprimé en même
temps que les pédagogies de la rue Champollion.
Restaurant Flicotaux avant 1848. Ce restaurant Flicotaux, illustré par Balzac et chanté par Musset, était le
restaurant des étudiants. Aujourd'hui café d'Harcourt.

* Sur la place s'élève la chapelle de la Sorbonne, construite par l'architecte Lemercier. Elle se trouve sur
l'emplacement d'une partie de l'ancien collège de Calvi.
La première pierre fut posée en 1635 par le cardinal de
Richelieu. Elle est dédiée à Ste Ursule et est décorée
en partie par Philippe de Champaigne (pendentifs de la
coupole). Elle renferme le magnifique tombeau du cardinal de Richelieu, chef-d'œuvre de Girardon, d'après
Lebrun. La tête du cardinal fut volée en 1793 lors de la
violation des tombeaux, emportée dans un petit village
de Bretagne et rapportée sous Napoléon III. M. Victor
Duruy, alors ministre de l'Instruction publique, la rendit
à la sépulture chrétienne. Au-dessus du tombeau est
suspendu à trente pieds de hauteur le chapeau rouge
authentique du cardinal. Sur le mur du fond de la chapelle Richelieu se trouve une fresque du peintre Timbal,
symbolisant la théologie. La chapelle possède également

le monument du duc de Richelieu (1766-1822) qui fut ministre de Louis XVIII. La chapelle a seule survécu à la vieille Sorbonne car les bâtiments actuels de la Sorbonne n'ont été commencés qu'en 1889 et achevés en 1901 par M. Nénot.

Rue Champollion.

Naguère des Maçons-Sorbonne. Elle a été tracée au xiᵉ siècle dans l'enceinte du palais des Thermes (Vicus Cœmentariorum). Elle commençait jadis rue des Mathurins-St-Jacques, mais le percement de la rue des Écoles lui a fait perdre sa partie nord. Elle a conservé son vieux nom jusqu'en 1867. Nom actuel en 1867 en l'honneur du traducteur des caractères hiéroglyphiques (1790-1832). Dès la seconde moitié du xiiiᵉ siècle la rue fut habitée par des maçons, et ce fut là l'origine de son vieux nom. Les collèges de Bagneux, de Narbonne et de Séez qui s'ouvraient rue de la Harpe et qui furent réunis à Louis-le-Grand, s'ouvraient également rue des Maçons-Sorbonne du côté pair.

N° **17**. Le naturaliste Bosc, membre de l'Institut, à la fin du xviiiᵉ siècle. (Porte.)

N° **15**. Ruhmkorff, l'inventeur de la bobine qui porte son nom, y mourut en 1877. Porte intéressante. Inscription placée par les soins de la Commission du Vieux Paris et rappelant le nom ancien de la rue. (Rue des Maçons-Sorbonne.)

N° **13**. Porte sculptée. Escalier en fer forgé.

N° **7**. Maison ancienne. Cabaret dit des Noctambules.

N° **5**. Escalier assez curieux en fer forgé. Les 7 et 5 furent jadis hôtel d'Harcourt, puis hôtel de La Ferrière au xviiiᵉ siècle.

Dulaure, l'historien, est mort rue des Maçons-Sorbonne en 1835. Marmontel y vécut lors de son arrivée à Paris et on dit que Racine y logea. Treilhard, membre de la Convention et négociateur du traité de Campo-Formio, habitait une maison qui était située du côté impair à l'angle de la rue des Mathurins. Il y mourut en 1810 et la maison a été détruite par le percement de la rue des Écoles.

Rue de la Sorbonne.

Rue des Deux-Portes en 1250, puis rue aux Hoirs-de-Sabonnes. Rue du Maréchal-Catinat de 1792 à 1802. Le maréchal Catinat est né dans cette rue en 1637 dans une maison que son père possédait à l'angle de la rue des Mathurins (Du Sommerard). Il fut baptisé à l'église St-Benoît. Le peintre Greuze y habita ainsi que le statuaire Ramey (1821). Pajou et Prud'hon habitaient le 11 en 1820. La rue longe le côté ouest de la Sorbonne.

Le premier fondateur de la Sorbonne fut réellement Robert de Douai, médecin de la reine Marguerite de Provence, femme de St Louis. En exécution de son testament, Robert de Sorbon, aumônier de St Louis, fonda en 1253 l'humble collège de théologie qui devint la Sorbonne. En 1469 ce collège fut le siège de la première imprimerie en France. Elle était dirigée par Ulric Gering, Martin Crantz et Michel Friburger. En 1624 Richelieu fut élu grand maître de la Sorbonne et fit reconstruire par Lemercier l'église et les bâtiments qui tombaient en ruines. L'édifice fut achevé en 1642. La Sorbonne fut supprimée en 1792 et resta inoccupée jusqu'en 1806. Napoléon y plaça l'Académie de Paris, la Faculté des Lettres, des Sciences et de Théologie.

L'École des Chartes y a été transférée en 1898. De nouveau la Sorbonne tombait en ruines et pendant toute la première moitié du xixᵉ siècle il fut question de la réédification. En 1853 on posa une première pierre, mais aucun plan n'était arrêté et aucun fonds n'était voté. On a retrouvé cette première pierre dans les fouilles de 1884. Enfin une entente préparée par M. Gréard, le recteur, put se faire entre la Ville et l'État et M. Nénot fut chargé de la reconstruction de la Nouvelle Sorbonne. La première pierre fut posée en 1885 et la première partie inaugurée en 1889. La Sorbonne fut achevée en 1901. Elle occupe maintenant un immense quadrilatère compris entre les rues de la Sorbonne et Victor-Cousin, la rue Cujas, la rue St-Jacques et la rue des Écoles.

Dans sa partie nord, à l'angle de la rue des Écoles et de la rue St-Jacques, la Nouvelle Sorbonne a absorbé le cloître et l'église St-Benoît dont nous voyons le portail transféré dans le jardin de Cluny. Cette antique église avait été construite au xiᵉ siècle sur l'emplacement d'un temple romain de Bacchus. L'église St-Benoit était appelée St-Benoit-le-Bétourné à cause de l'orientation de son autel qui était tourné vers l'occident contrairement aux habitudes. Sous François Iᵉʳ on changea la place de l'autel et l'église s'appela St-Benoît-le-Bistourné. C'est dans l'enclos de cette église que François Villon assassina Philippe Sermoise par rivalité d'amour. L'église fut fermée à la Révolution, transformée en dépôt de farine en 1813 et en théâtre du Panthéon en 1832. Elle fut démolie en 1854 au moment du percement de la rue des Écoles.

La façade principale de la Sorbonne s'étend sur la rue des Écoles. Cette façade est ornée de plusieurs statues qui sont, en venant de la rue St-Jacques : la Chimie par

Injalbert, la Science naturelle par Carlier, la Physique par Lefeuvre, les Mathématiques par Suchetet, l'Histoire par Cordonnier, la Géographie par Marqueste, la Philosophie par Hiolle, et l'Archéologie par Paris. Les deux travées des extrémités du motif central sont couronnées par des frontons avec sculptures représentant : celui de droite, les Lettres par Chapu, celui de gauche, les Sciences par Mercié. Cette division des motifs de sculpture répond à la distribution générale de l'édifice et c'est ainsi qu'à droite du grand vestibule la galerie des Lettres conduit aux services de la Faculté des lettres, tandis qu'à gauche la galerie des Sciences conduit aux services de la Faculté des sciences. Dans le vestibule d'entrée nous voyons la statue d'Homère par Delaplanche et celle d'Archimède par Falguière. La porte centrale du grand vestibule donne accès au grand amphithéâtre décoré par Puvis de Chavannes. Le pylônes de cet amphithéâtre sont décorés de niches rectangulaires avec les statues assises de Robert Sorbon par Crauk, de Descartes par Coutan, de Lavoisier par Dalou, de Rollin par Chaplain, de Pascal par Barrias, de Richelieu par Lanson. Un escalier monumental avec rampe en fer forgé conduit du vestibule au premier étage. Là dans l'atrium, entouré de colonnes corinthiennes, se trouvent des panneaux peints par Chartran et par Flameng. Parmi ceux de ce dernier maître citons, au point de vue historique, celui qui représente le prieur Jean Heynlin et le bibliothécaire Guillaume Fichet installant dans les caves de la Sorbonne, la première imprimerie établie en France. Nous n'avons pas la prétention de faire la description de la Sorbonne mais nous signalerons encore la salle du Conseil académique, le cabinet du recteur qui possède des panneaux de Luc-

Olivier Merson, sa salle à manger décorée par Raphaël
Collin, le petit salon décoré par Clairin, etc., etc.

N° 2. M. C. Hermitte, membre de l'Institut, y est mort
en 1901.

N° 5. Entrée des appartements de M. Liard, vice-
recteur de l'Académie de Paris, membre de l'Institut.

N° 16. École des Hautes Études Sociales.

N° 18. **Passage de la Sorbonne** (1853).

* N° 17. Faculté des Lettres et cour d'honneur de la
Sorbonne. Le flanc gauche de l'église de la Sorbonne
accosté d'un portique formé par dix colonnes corinthiennes séparées l'une de l'autre par des distances
inégales forme le fond de cette cour. Nous voyons dans
cette cour la statue de Pasteur par Hugues (1901) et
celle de Victor Hugo par Marqueste (1901). Sur les
murs se trouvent des médaillons représentant le baron
Thénard, Charles Hermitte, J.-Victor Le Clerc, ancien
doyen de la Faculté des Lettres, et celui de Victor Cousin. Nous y voyons aussi un cadran solaire et des fresques
de M. Weerts (1903). Cette cour donne accès à la
bibliothèque de l'Université. L'ancienne bibliothèque
de la Sorbonne occupait jadis un corps de logis qui
touchait à la chapelle; au moment de la Révolution
elle fut confisquée au profit de la Municipalité et elle
fut déménagée et répartie entre différentes biblio-
thèques publiques. Une nouvelle bibliothèque a été
reconstituée à la Sorbonne sous le nom de bibliothèque
de l'Université. M. Victor Cousin, qui habita et mourut
à la Sorbonne, a fondé également une bibliothèque qui
porte son nom. (Voir sur le pavé de la cour des lignes
noires qui indiquent le tracé de l'ancienne Sorbonne de
Richelieu.)

Nᵒ **19**. École des Chartes, transférée à la Sorbonne en 1898.

Nᵒ **22**. Emplacement de l'ancien Collège de Richelieu. (Voir 2, place de la Sorbonne.)

En passant devant le portail de l'église nous prenons au 1 de la rue Victor-Cousin la galerie Gerson qui traverse toute la Sorbonne et aboutit rue St-Jacques. Cette galerie, dont la Sorbonne est propriétaire, remplace l'ancienne rue Gerson qui reliait jadis Louis-le-Grand à la place de la Sorbonne. Cette galerie nous mènera rue St-Jacques où nous jetterons un coup d'œil sur le côté Est de la Sorbonne dominé par la tour de la Faculté des Sciences et nous prendrons entre le lycée Louis-le-Grand et le Collège de France la rue du Cimetière-St-Benoît.

Rue du Cimetière-St-Benoît.

Rue de l'Oseraie en 1300. Non actuel en 1615 parce qu'elle longeait le cimetière de l'église St-Benoît. La rue a été élargie en 1820 et 1836. Le cimetière St-Benoit se trouvait sur l'emplacement du Collège de France. Dans ce cimetière furent inhumés Ulric Gering, le célèbre imprimeur, Claude Audran, le graveur, Claude Perrault, l'architecte, Sébastien Cramoisy, directeur de l'Imprimerie royale, le jurisconsulte Domat, l'acteur Baron mort en 1729, etc. Du côté sud de la rue se trouvait le collège du Plessis (Voir lycée Louis-le-Grand).

Rue Fromentel.

La rue existait au XIIIᵉ siècle. Son nom est une corruption des mots froid mantel ou froid manteau. La rue est bordée de vieilles et curieuses constructions. Des fouilles ont été pratiqués il y a quelques années rue Fromentel et on croit se trouver en présence d'une cité gallo-romaine qui, en dehors des Thermes, aurait comporté un théâtre, un temple et divers autres édifices publics. Ces fondations s'étendent sous le Collège de France et jusqu'à la rue des Écoles. Les fouilles de 1904 qui ont eu lieu entre les rues des Écoles, Jean-de-Beauvais, de Lanneau, Fromentel, et impasse Chartière ont amené la découverte d'une grande salle circulaire d'un diamètre de 17 mètres environ. Cet édifice romain était richement décoré.

Il y a peu d'années le point de rencontre de la rue Fromentel et de la rue du Cimetière-St-Benoît s'appelait place Fromentel : cette place vient de disparaître.

Nº **2.** Vieille maison avec statuette de Jeanne d'Arc dans une petite niche.

Impasse Chartière.

Existait déjà en 1260. Rue de la Charretière en 1300, puis rue de la Charterie, et rue des Charettes au xvᵉ siècle. Rue Chartière ensuite. Cette rue aboutissait à la rue de Reims qui la faisait correspondre avec la rue des Sept-Voies (Valette). Cette rue de Reims ayant été englobée dans le collège Ste-Barbe, la rue Chartière est devenue impasse en 1830.

Nº **1.** Vieille maison ainsi qu'au 3, etc.

Nº **2.** Emplacement d'une maison qui fut habitée par Gabrielle d'Estrées (1578). Henri IV avait dans ces parages un de ses lieux de rendez-vous. La maison fut rebâtie en 1606 et fut mise sous la protection du dauphin Louis. On y lisait cette inscription : « Ludovice Domum protege », et on y voyait sous Louis XIV une statue de Henri IV. Mlle de Scudéry habita la maison en 1681 et nous y voyons encore une vieille enseigne d'Henri IV et les restes d'une antique niche.

N° **4**. Vieille maison.

N° **11**. Porte d'entrée avec coquille sculptée. Là étaient, dit-on, les écuries du rendez-vous d'Henri IV. Plus tard cette porte servit d'entrée au collège de Cocquerel et en 1779 à une manufacture de carton.

N° **13**. Du 13 au 19 nous voyons les derrières du collège Ste-Barbe. Là était l'ancien collège de Reims qui s'étendait jusqu'à la rue Valette. Ce Collège avait été fondé sous Charles VI par Guy de Roye, archevêque de Reims. Jodelle y avait organisé un théâtre et y jouait lui-même ses pièces avec Remi Belleau, dit Jean de La Péruse. Henri IV assista à ces représentations en 1552. Le collège de Reims fut reconstruit en 1747, et annexé à Ste-Barbe.

N° **8**. Emplacement de l'ancien collège du Mans qui avait été fondé ici par Philippe de Luxembourg, évêque du Mans. Il fut transféré en 1762 à l'hôtel Marcillac, rue d'Enfer, près de la porte St-Michel, lorsque les bâtiments qui se trouvaient ici eurent été englobés dans le Collège de Clermont (Louis-le-Grand).

Rue de Lanneau.

Percée en 1185 sur le clos Bruneau. S'appela rue du Mont-St-Hilaire et puis rue St-Hilaire avant 1880. Doit son nom actuel à M. de Lanneau (1758-1830) qui fut le fondateur du nouveau collège Ste-Barbe. Au milieu du carrefour formé par les rues de Lanneau, Jean-de-Beauvais, Fromentel et l'impasse Chartière se trouvait le puits Certain qui avait été foré en 1570 par Robert Certain, curé de St-Hilaire. On a retrouvé en 1894 ce puits dans les travaux d'un égout, ainsi que les restes d'un édifice romain considérable qui s'étend sous l'impasse Chartière et du côté du Collège de France.

N° **16**. Là se trouvait, dit M. Pessard dans son *Dictionnaire historique*, un pâtissier-restaurateur, à l'enseigne du Puits-Certain dès 1627. La renommée de cet établissement était très grande et dura jusqu'en 1805. On y voyait encore l'enseigne en 1897.

N° **9**. Vieille maison ainsi qu'au 7.

N° **8**. **Impasse Bouvart.** S'appelait jadis Longue-Allée, puis ruelle Jusseline et ruelle St-Hilaire en 1539. Elle fut supprimée en 1855 et rétablie en 1880 sous son nom actuel qui est celui du propriétaire. C'est une simple fente pratiquée entre deux maisons et fermée par une porte aujourd'hui.

N° **8**. Vieille maison.

N° **5**. Inscription de l'ancien nom de la rue : rue St-Hilaire.

N° **5**. **Impasse d'Écosse.** S'appela rue du Chaudron à la fin du xiiiᵉ siècle. La rue était ainsi dénommée soit à cause des chaudronniers qui y habitaient, soit à cause d'un grand logis, dit du Chaudron, qui était situé du côté gauche de la rue et qui fut donné en 1556 à Ste-Barbe par Robert du Guast, curé de St-Hilaire. La rue qui est devenue une impasse communiquait avec la rue Valette par la rue du Four qui a été englobée dans Ste-Barbe. Au 3 se trouvait un passage qui conduisait à l'église St-Hilaire qui s'ouvrait 2, rue du Mont-St-Hilaire et 2, rue des Sept-Voies (Voir 2, rue Valette). Au fond du côté pair se trouvait le collège de Cocquerel qui a été englobé dans Ste-Barbe. Nous voyons dans cette impasse des très anciennes maisons du XVIᵉ siècle. Aux angles de la rue de Lanneau se trouvent deux plaques semblables.

Nᵒ **4**. Bal Musette. Enseigne auvergnate.

Nᵒ **1**. Vieille maison.

Rue Valette.

Jadis des Sept-Voies (sept rues y aboutissaient). Elle fut construite à la fin du XIᵉ siècle. Nom actuel en 1877, en mémoire du jurisconsulte Valette, professeur à l'École de Droit (1805-1878). C'est à l'angle de la rue Valette et de la place actuelle du Panthéon que, le 9 mars 1804, Georges Cadoudal sauta dans le cabriolet qui devait le conduire à la cache de Caron le parfumeur. Il fut arrêté au coin de la rue des Quatre-Vents après une course folle.

Nᵒ **2**. Emplacement de l'église St-Hilaire-du-Mont qui datait du XIIᵉ siècle et qui fut démolie en 1790. Philippe le Bel y avait annexé un petit hospice. On retrouve des vestiges de l'église St-Hilaire dans la salle de billard du marchand de vin (au 2). Nous y voyons des chapiteaux feuillagés de la fin du XIIIᵉ siècle. L'atelier de menuisier à côté se trouve sur l'emplacement d'une partie de l'ancien cimetière de St-Hilaire qui longeait le côté sud de l'église. Dans la cour commune au menuisier et au marchand de vin on retrouve également ment des traces de l'ancienne église.

Nᵒ **4**. Collège Ste-Barbe fondé en 1460 par Geoffroy Normand. Il s'annexa par la suite les collèges de Reims, de Rethel, de Cocquerel. Les bâtiments actuels sont modernes et une partie en a été construite par les

frères Labrouste, mais c'est le plus ancien établissement d'instruction publique en France. Nicolas de
Grouchy, précepteur de Montaigne, y fut élève et professeur. Les St-Gelais, Ignace de Loyola, et dans les
temps modernes Scribe, A. Nourrit, E. Lamy, etc., en
furent les élèves. Ste-Barbe fut acheté par l'État en
1897 et loué à l'ancienne Société de Ste-Barbe. Le bâtiment primitif de Ste-Barbe était situé au coin de la rue
de Reims et de la rue des Chiens (emplacement du bâtiment situé au fond de l'impasse Chartière). La partie
du collège sur la rue Valette, qui se trouve en face de la
rue Laplace, est sur l'emplacement de l'ancien collège
de Reims. Ce collège de Reims avait été fondé sous
Charles IV par Guy de Roye, archevêque de Reims.
Gerson y professa. Il fut mis en vente en 1807.

Au nord du collège de Reims se trouvait la rue du
Four-St-Hilaire qui rejoignait la rue d'Écosse ; au sud
se trouvait la rue de Reims englobée dans le collège
actuel. Le collège Ste-Barbe était séparé du collège
Montaigu (bibliothèque Ste-Geneviève) par la rue des
Chiens.

Nᵒ **21.** Emplacement de l'ancien hôtel du sire de
Listenois qui s'étendait également sur l'emplacement du
19. Reconstruit par Jean Chanteprime, chanoine de
Notre-Dame, exécuteur testamentaire de Pierre Fortet.
Le collège de Fortet resta là de 1398 jusqu'à sa réunion
à Louis-le-Grand en 1764.

Le chanoine Pierre Fortet habitait dans le cloître
Notre-Dame la maison d'Étienne de Garlande, chancelier de France. Par son testament de 1391, il fonda
un collège pour huit étudiants pauvres dont quatre
enfants d'Aurillac, et quatre enfants de Paris. En 1394
le collège s'installa dans une maison de la rue des

Cordiers, maison qui était attenante à la rue St-Jacques
et à l'hôtel de Jehan d'Auxerre. En 1398 le collège
se transporta ici dans l'ancien hôtel du sire de Listenois. La partie où se trouve la tour dite du Calvin fut
annexée au collège vers 1415 et reconstruite en 1505.
Le collège fut reconstruit en 1560 et agrandi en 1564
par l'adjonction de l'hôtel des évêques de Nevers qui
s'ouvrait rue Laplace. Il fut le rendez-vous des Ligueurs
à partir d'octobre 1586. Le collège de Fortet fut réuni
à Louis-le-Grand en 1764. D'après une tradition Calvin
aurait logé dans la tour qui porte son nom et que l'on
voit surtout bien en se plaçant sur les marches de
St-Étienne-du-Mont. Cette tradition semble erronée,
puisque la tour renferme un escalier tournant.

N° **19.** Fut probablement la maison du prieur de
St-Étienne-de-Nevers au XIVe siècle. Elle portait au
XVIe siècle le nom du Pot-aux-Moineaux et fut vers
1573 un lieu d'assemblée des huguenots de Paris.
Cette maison possède des caves ogivales très curieuses,
à deux étages (à visiter). On dit que les huguenots s'y
cachèrent à la St-Barthélemy.

N° **13.** Inscription ancienne du nom de la rue (rue
des Sept-Voies). Visiter ici la rue Laplace dont la notice
est plus bas. Vieille maison.

N° **11.** Inscription ancienne du nom de la rue (rue
des Sept-Voies).

N° **9.** Vieille maison.

N° **7.** Intéressant hôtel à fronton, possédant des esca-
liers Louis XIII. Statuette de la Vierge au fond de la
cour. Cette maison, reconstruite vers 1673, fut le siège
d'une imprimerie royale pour la musique. Vendue en
1768 par Léonard de Malpeines, conseiller au Parlement,
à Leguay d'Hauteville.

N° **3.** Emplacement de l'ancien hospice de la Merci fondé en 1515 sur un terrain qui appartenait à Alain d'Albret, comte de Dreux. Ce collège devint hospice en 1750 et fut mis en vente en 1793.

Le percement de la rue de l'École-Polytechnique a fait disparaître du côté des chiffres impairs l'ancienne cour d'Albret.

Rue Laplace.

Rue de l'Allemanier en 1300, puis rue des Amandiers-Ste-Geneviève avant 1864. Nom actuel en l'honneur du marquis de Laplace, astronome et pair de France (1749-1827). Jean de Meung habita la rue. Presque toutes les maisons sont anciennes et curieuses. Les évêques dé Nevers avaient leur hôtel dans cette rue du côté impair, et cet hôtel, qui touchait par le fond au cimetière de St-Étienne-du-Mont, fut acheté en 1564 par le collège de Fortet.

N° **1.** Inscription ancienne du nom de la rue : rue des Amandiers. Dans cette maison se trouvent des caves à deux étages, qui semblent avoir servi de cachots. La cave supérieure est ogivale et celle du dessous est du XVIIIᵉ siècle.

N° **12.** Entrée de l'ancien collège des Grassins, fondé en 1569 par Pierre Grassin, sieur d'Ablon, conseiller au Parlement et son frère Thiéry, avocat, pour six boursiers pauvres du diocèse de Sens. Ce collège était situé en recul de la rue des Amandiers, et s'étendait ainsi que sa chapelle sur l'emplacement de l'actuelle rue de l'École-Polytechnique. L'archevêque de Sens était le supérieur majeur de ce collège. Chamfort y fit ses études. Ce fut ce collège qui fut le premier à faire imprimer les livrets de distribution des prix. Il fut fermé à la Révolution. Sur son emplacement s'élevait jadis une partie de l'hôtel d'Albret, dit de Blois, au temps de la Guerre des deux Jeannes. A côté et à l'Est du collège des Grassins se trouvait le collège des Écossais, qui resta là de 1325 jusqu'en 1662, époque où il alla au 65 actuel de la rue du Cardinal-Lemoine.

N° **18**. Caves anciennes superposées de style roman. Pilier central avec nervures.

N° **20**. Vieille maison.

Rue des Carmes.

Percée en 1250 sur le clos Bruneau et pour cette raison s'appela rue du Clos-Bruneau, puis quelque temps rue St-Hilaire et rue des Carmes en 1318. Toutes les maisons sont anciennes et curieuses dans le haut de la rue.

N° **21**. Vieille maison. Inscription ancienne du nom de la rue.

N° **19**. Vieille maison ainsi qu'aux 17, 28, 26.

* N° **15**. Ancien collège des Lombards, fondé en 1334 par le cardinal André de Chini et reconstruit sous Louis XIV par deux prêtres irlandais. L'architecte Rosery refit la chapelle et les bâtiments en 1760. Annexe du collège des Irlandais. Séquestré à la Révolution. Maison d'arrêt pendant la Terreur. Rétabli sous le Consulat et réuni au séminaire des Irlandais, Anglais et Écossais réunis (3, rue des Irlandais). Rendu aux Irlandais par Louis XVIII. Aujourd'hui Cercle Catholique. A droite, en entrant, escalier Louis XIII en bois. L'écusson gratté qui se trouve sur la façade de la chapelle portait les armes de l'abbé de Vaubrun. Le

12 mai 1872, au nom de l'œuvre des Cercles Catholiques d'ouvriers, on a restitué au culte cette ancienne chapelle des Irlandais sous le vocable de Jésus-Ouvrier. L'allée centrale de cette chapelle est formée de pierres tombales des prêtres irlandais. Nous voyons aussi dans cette chapelle une plaque en mémoire des victimes du Bazar de la Charité.

Nº 11. Passage du Clos-Bruneau, jadis rue Judas. Ce passage a retenu le nom du vaste clos Bruneau ou Burnel qui comprenait tout le carré enfermé dans les rues Jean-de-Beauvais, des Noyers (boulevard St-Germain), des Carmes et St-Hilaire (de Lanneau). Ce clos fut célèbre par ses vignes et fut à la Renaissance la patrie des Imprimeurs. Nom actuel en 1838.

Du même côté de la rue des Carmes, entre le passage du Clos-Bruneau et le marché des Carmes, c'est-à-dire sur l'emplacement de la rue des Écoles, se trouvait le collège de Laon, qui avait une entrée rue de la Montagne-Ste-Geneviève. Ce collège, fondé en 1313 par Guy, chanoine de Laon fut supprimé en 1763. En 1324 il était divisé en collège de Laon et en collège de Presles ou de Soissons. Le collège de Presles se sépara du collège de Laon et fut transféré en face, sur l'emplacement du 6 actuel.

Nº 3. Rue Basse-des-Carmes. Percée en 1811 sur l'emplacement du couvent des Carmes. Cette rue longe le marché des Carmes qui a été construit par l'architecte Vaudoyer de 1813 à 1819 sur l'emplacement du couvent des Grands Carmes de la place Maubert. Ce couvent, fondé en 1309 dans la maison dite du Lion, située au bas de la montagne Ste-Geneviève, s'était agrandi en 1384 par l'acquisition du collège de Dace, qui avait été fondé là par un Danois en 1275. L'église fut construite en

1353. Marguerite de Bourgogne, fille de Jean sans Peur et veuve du Dauphin Louis de France, fut enterrée en 1442 dans le cloître des Carmes ainsi que Gilles Corrozet, le premier historien de Paris en 1568; le cardinal Charles du Bec en 1318, et Sébastien Truchet, carme et mécanicien (1762), etc. Le couvent fut supprimé en 1790. Les bâtiments du monastère et de l'église des Carmes de la place Maubert, comme on les appelait, furent affectés à une manufacture d'armes et démolis en 1813. (Fontaine au centre du marché.)

N° **14**. Chapelle roumaine (voir 9 *bis*, rue Jean-de-Beauvais).

N° **8**. Emplacement d'une caserne sous le second Empire, démolie par le prolongement de la rue Du-Sommerard.

N° **6**. Emplacement du collège de Presles qui s'étendait jusqu'au collège de Beauvais (emplacement du 12 environ). Ce collège de Presles fut fondé en 1313 par Robert de Presles, qui fut accusé injustement de l'empoisonnement de Philippe le Bel. Ramus, le jour de la St-Barthélemy, fut assassiné dans ce collège qui fut réuni à Louis-le-Grand en 1764.

Remontons la rue des Carmes pour prendre la rue de l'École-Polytechnique.

Rue de l'École-Polytechnique.

Cette rue a été ouverte en 1844. Elle traverse l'emplacement de l'ancien collège des Grassins. Elle a englobé l'ancienne cour d'Albret qui était au bas de la rue Valette.

N° **22. Impasse des Bœufs**. Ancienne impasse de la Cour-des-Bœufs. Ouverte au XIV° siècle sur les dépendances de l'ancien hôtel d'Albret. Au fond du cul-de-sac se trouvait le séminaire St-Hilaire. Cette impasse renferme de curieux et vieux bâtiments et on peut jeter à côté du 1 un coup d'œil sur la masure qui est le derrière du 19 de la rue des Carmes.

Rue Descartes.

S'appela rue Bordel ou Bourdeille, puis Bordet de 1250 à 1809, à cause de la porte de ce nom qui fut démolie en 1365. Nom actuel en l'honneur du philosophe (1596-1650). Au carrefour formé par la rue Descartes et la rue de la Montagne-Ste-Geneviève se trouve une assez curieuse fontaine en face de l'École Polytechnique.

*N° 5. École Polytechnique. Emplacement de l'ancien collège de Navarre, fondé en 1304 par Jeanne de Navarre, femme de Philippe le Bel, pour 70 écoliers pauvres (20 en grammaire, 30 en philosophie, 20 en théologie). Ce collège qui tombait en ruines en 1418 fut reconstruit sous Louis XI et terminé en 1496. Gerson, Henri III, Henri IV, Richelieu, Bossuet, etc., en furent les élèves. Le collège fut séquestré à la Révolution et devint la calcographie des frères Pyranési en 1792. L'École Polytechnique, qui avait été fondée en 1794 sous le nom d'École centrale des Travaux publics, y fut transférée le 12 novembre 1805.

Le cloître du collège de Navarre fut démoli en 1738 lorsque Jacques-Jules Gabriel reconstruisit le grand bâtiment des Bacheliers affecté aujourd'hui aux élèves. On a démoli en 1875 une chapelle ogivale qui avait été construite au xv⁰ siècle par ordre du grand maître Jean Raulin, comme salle des actes et bibliothèque. C'est dans cette salle que Bossuet, dit-on, avait soutenu sa thèse de doctorat. Cette salle servit de chapelle de 1814 à 1830, puis de salle de dessin jusqu'en 1875. Un pan de mur gardait encore la trace de cinq hautes baies ogivales aveuglées qui étaient les derniers débris de cette salle ; il a été démoli en 1906 et avec lui a disparu tout ce qui restait des anciens bâtiments. A la même époque en 1906 on a retrouvé sur cet emplacement quelques restes d'un ancien cimetière romain. L'entrée sur la rue Descartes est de 1838.

N° 2. Du 2 au 12 s'étendent de vieilles et curieuses maisons.

N° 15. Emplacement d'un hôtel qui appartenait jadis aux comtes de Bar.

N° 17. **Impasse Clopin.** Faisait partie jadis de la rue Clopin, qui allait de la rue d'Arras à la rue Bordet (Descartes). Dès 1639 la rue Clopin avait été fermée pour établir une communication entre le collège de Navarre et le collège Boncourt : une partie de la rue Clopin subsiste dans l'intérieur de l'École Polytechnique entre les deux bâtiments (Navarre et Boncourt).

* N° 21. Ancien collège de Boncourt fondé en 1357. C'est dans ce collège que Jodelle fit jouer ses pièces en présence de Henri II. Voiture y fit ses études. Le collège de Boncourt fut réuni au collège de Navarre en 1638. Comme nous l'avons dit il n'en était séparé que par la rue Clopin, et il communiquait au sud avec le collège de Tournai qui datait lui-même de 1283 et qui fut réuni au collège de Navarre sous Louis XIII. Le collège de Boncourt est devenu l'hôtel du général commandant l'Ecole Polytechnique. Là se trouvent l'état-major et les bureaux de l'École.

* N° 30. Construit par le duc d'Orléans, dit le Pieux,

fils du Régent et grand'père de Philippe-Égalité, lorsqu'il se retira à l'abbaye. Aujourd'hui presbytère.

Nᵒ **23**. Enseigne peinte : Au Roi Clovis. Ce cabaret fut célèbre lors de l'affaire des quatre sergents de la Rochelle.

Nᵒ **31**. Construit sur une partie de l'ancien cimetière mérovingien de St-Pierre-St-Paul. On y a découvert en 1897 des débris de sarcophages.

Nᵒ **37**. Verlaine y est mort en 1896.

Nᵒ **50**. Emplacement de la porte St-Marcel de l'enceinte de Philippe Auguste, dite Porte Bordet. (Inscription.) Cette porte fut démolie en 1685 par Jean de Fourcy, prévôt des marchands.

Nᵒ **47**. Le couloir de cette maison est pavé d'anciennes pierres tombales provenant de l'ancien cimetière de St-Étienne-du-Mont. Au fond de ce couloir, en montant deux étages d'un petit et vieil escalier, on arrive à une sorte d'allée également pavée qui se trouve sur l'ancien mur de Philippe Auguste.

Nᵒˢ **52** et **51**. Grilles de cabaret. La rue Descartes coupe la rue Clovis.

Rue Clovis.

Percée en 1804 sur les terrains de l'abbaye Ste-Geneviève et sur l'emplacement même de la basilique Ste-Geneviève, qui touchait le côté sud de l'église St-Étienne-du-Mont. Nom en l'honneur du roi Clovis (465-511).

Le roi Clovis, vainqueur d'Alaric, fit construire vers 510 sur le mont Leucoticius une église dédiée à St Pierre et St Paul. Cette église fut consacrée par St Remi et elle fut appelée au IXᵉ siècle basilique

Ste-Geneviève quand la patronne de Paris y fut inhumée à côté de Clovis et de Clotilde. Elle était desservie par les chanoines de l'abbaye. Cette première église fut incendiée par les Danois en 857 et rebâtie de 1176 à 1191 par Étienne de Tournay, abbé de Ste-Geneviève, sur l'emplacement de la rue Clovis. Cette nouvelle église, qui contenait la célèbre châsse de Ste Geneviève, fut abandonnée en 1790 et démolie de 1802 à 1807. Il n'en reste que le clocher, dit tour de Clovis, enclavé aujourd'hui dans les bâtiments du lycée Henri IV. Cette tour fut relevée sur ses anciennes fondations au xıe siècle et servit de premier observatoire à Paris. Le Panthéon actuel avait été en principe destiné à remplacer l'ancienne basilique Ste-Geneviève. La crypte de l'ancienne basilique conservait les tombeaux de Prudence, évêque de Paris, mort en 399 et qui avait été inhumé là antérieurement. Elle contenait aussi les tombeaux du roi Clovis mort en 511, de Ste Geneviève morte en 512, de Clotilde morte en 531, de Théobald et de Gunter, petits-fils de Clovis, morts en 532, de Ste Clotilde morte en 545 et de St Geraune, évêque de Paris mort en 618. Cette crypte était dédiée à Notre-Dame et plus tard à St Jean l'évangéliste. Elle servit d'église paroissiale aux habitants du mont jusqu'en 1225, époque où elle fut remplacée par une chapelle attenante, qui, reconstruite, est devenue l'église St-Étienne-du-Mont.

N° **1.** Maison moderne édifiée sur un terrain donné par la Ville au collège des Écossais (1689). Sur la façade se trouve un chardon d'Écosse entourant un écu léopardé.

N° **7.** Portion considérable de l'enceinte de Philippe Auguste. (Pour bien se rendre compte de cette portion aller au 47, rue Descartes.) Le jardin en élévation qui se trouve à côté, est sur l'emplacement de l'ancien collège de Tournai fondé au xivᵉ siècle, collège qui communiquait avec le collège de Boncourt.

*N° 23. Lycée Henri-IV. Occupe l'emplacement et une partie des bâtiments de l'abbaye Ste-Geneviève fondée par Clovis. Une partie des bâtiments reconstruits aux xivᵉ et xvᵉ siècles subsiste encore. On y voit encore le cloître, l'ancien réfectoire du xviiᵉ siècle transformé en chapelle, les caves à trois étages (du xiiᵉ siècle) dont une sert de cuisine. L'ancienne bibliothèque dont le cardinal de La Rochefoucauld avait été le fondateur est occupée par le dortoir des élèves. L'escalier décoré de palmiers qui mène à ce dortoir est du xviiiᵉ siècle et le plafond en a été peint par Jean Restout. La salle dite royale, parce qu'elle était ornée des portraits des rois, possède des décorations de plafond intéressantes : elle est divisée aujourd'hui. C'est dans cette salle que se réunissaient ceux qui prenaient part à la célèbre procession de Ste-Geneviève. Plusieurs autres salles ont conservé des boiseries, entre autres la salle d'Histoire naturelle qui est ornée de jolies boiseries Louis XV. Enfin, comme nous l'avons dit, à l'intérieur du lycée se trouve la tour de Clovis, reste de l'ancienne église Ste-Geneviève.

Le couvent des Génovéfains fut supprimé à la Révolution et l'École centrale du Panthéon y fut ouverte le 1ᵉʳ prairial an IV (20 mai 1796). Cette école a été transformée en lycée en l'an VIII. Il s'appela lycée Napoléon de 1804 à 1815, puis collège Henri-IV de 1815 à 1848, lycée Corneille en 1848, lycée Napoléon de 1849 à 1870, lycée Corneille de 1870 à 1872 et lycée Henri-IV depuis 1873. L'entrée sur la rue Clovis a été construite en 1825 d'après les dessins de M. Lahure. Des nouveaux bâtiments ont été édifiés en

1873. Ce lycée eut comme élèves les fils de Louis-
Philippe, Alfred de Musset, Odillon Barrot, St-Marc
Girardin, Scribe, Augier, de Rémusat, Ste-Beuve,
Viollet-le-Duc, Mérimée, etc. Dans la cour se trouvent
les bustes de Casimir Delavigne et de Salvandy, qui
furent aussi éleves du lycée.

Place Ste-Geneviève.

La place Ste-Geneviève occupe l'emplacement d'un
ancien cimetière mérovingien. Au xive siècle, c'était le
Carré Ste-Geneviève. Le cimetière de la paroisse était
situé dans la partie Nord-Ouest de la place, non loin de
la tour dite de Calvin. En dehors de ce cimetière
l'église possédait un autre cimetière qui était situé derrière le chœur et on enterrait aussi dans la crypte au-
dessous de l'église. La place Ste-Geneviève est intéressante à visiter la première semaine de janvier, alors
qu'elle est encombrée de petites baraques et qu'une
foule de pèlerins se rend à l'église pour prier la patronne
de Paris.

    * L'église St-Étienne-du-Mont a été bâtie sur l'em-
placement d'une chapelle du xiiie siècle dédiée à
St Étienne et qui était attenante à la basilique Ste-Geneviève. L'église actuelle a été commencée sous François Ier
et achevée en 1626 sous Louis XIII. La première pierre de
la façade si curieuse qui est un chef-d'œuvre de fantaisie a
été posée en 1610 par Marguerite de Valois. L'abside
avait été commencée en 1517 et le chœur fut achevé en
1537; la chapelle de la communion et les charniers situés
derrière l'abside furent élevés en 1605, et l'église fut
consacrée en 1626 par l'archevêque François de Gondi.
La construction avait duré 107 ans. L'église, comme

nous l'avons dit, était accolée à l'ancienne basilique
Ste-Geneviève qui se trouvait sur l'emplacement de la
rue Clovis, et on entrait dans l'église St-Étienne en
passant par la basilique. En 1795 St-Étienne-du-Mont
fut le Temple de la Piété filiale accordée aux Théophilanthropes. En 1857 Mgr Sibour y fut assassiné
par l'abbé Verger, prêtre interdit. L'église possède un
admirable jubé, le dernier de Paris, qui a été construit
de 1601 à 1609 par Pierre Biard, architecte et sculpteur.
Elle possède la pierre sur laquelle reposa Ste Geneviève. La célèbre châsse de Ste-Geneviève qui était dans
la basilique était un reliquaire en forme d'église (1242)
et couvert de pierreries. Elle était supportée par quatre
statues de femmes en bois, œuvre de Germain Pilon.
(Ces statues sont actuellement au musée de la Renaissance au Louvre.) La Commune envoya la châsse à la
Monnaie en 1793 et brûla les reliques de la sainte. La
pierre, qui avait été dédaignée par les profanateurs, fut
transférée ici en 1803 et elle est l'objet d'une vénération
particulière. Derrière l'église, contre l'abside, se trouve
un cloître, où l'on voit d'admirables vitraux de Pinai-
grier. Ce cloître entoure l'ancien cimetière. Les anciens
charniers, qui sont bien conservés, longent l'église du
côté de la rue St-Étienne-du-Mont.

Le corps de Mirabeau après sa sortie du Panthéon fut
inhumé dans le petit cimetière. Il fut retiré plus tard du
cercueil de plomb qui le contenait et réinhumé dans le
même cimetière. Boileau, Pascal, Eustache Lesueur,
Nicolas Perrault, Tournefort, Winslow, Rollin furent
inhumés dans la crypte, ainsi que Lemaître de Sacy
transféré après la destruction de Port-Royal. Descartes
y fut également inhumé puis transféré à St-Germain-
des-Prés en 1819, ainsi que J. Racine dont la pierre

tombale fut transportée ici seulement en 1813, de
Magny-les-Hameaux près Chevreuse. Ses restes avaient
été transportés clandestinement pendant la Révolution
de St-Étienne-du-Mont à Magny et ils y restèrent jusqu'en 1808. (Voir les épitaphes de Pascal, de Rollin, etc.,
les diverses inscriptions qui se trouvent dans l'église,
les vitraux, la chaire sculptée par Claude Lestocart au
XVIIᵉ siècle, etc., etc.).

Rue St-Étienne-du-Mont.

S'appela rue du Moustier en 1248, puis rue des
Prêtres-St-Étienne-du-Mont avant 1867. Elle longe les
anciens charniers de l'église St-Étienne-du-Mont.
Presque toutes les maisons sont anciennes et on y voit
des crochets du moyen âge aux 18, 8, etc.

Nº **14**. Dépendait du collège de l'Ave-Maria.

Rue de là Montagne-Ste-Geneviève.

Une des plus anciennes de Paris. S'appelait rue des
Boucheries à la fin du XIIᵉ siècle. Rue Ste-Geneviève-du-
Mont en 1266. Rue de la Montagne de 1793 à 1815.

Nº **51**. Grille à l'enseigne de St-Étienne.

Nº **66**. Vieille maison.

Nº **47**. Balcon en fer forgé. Au 43, grille.

Nº **43**. De cet emplacement jusqu'au 51 se trouvait le
collège de l'Ave-Maria, fondé sous Philippe VI en 1339
par Jean de Hubant, clerc conseiller du Roi, pour quatre
écoliers du Nivernais. Les immeubles qui composaient
ce collège furent aliénés par l'État en 1810.

Nº **58**. Porte basse et escalier à vis.

Nº **48**. Vieille maison ainsi qu'aux 46, 44, 42.

N° **40**. Enseigne à Ste-Geneviève sur la grille. Pendant la Révolution il y avait là une statuette de 1745 avec cette inscription : « A la ci-devant Geneviève. Rendez-vous des Sans-Culottes. » L'enseigne actuelle est du Directoire.

N° **31**. Enseigne de la Ruche d'Or.

N° **34**. Hôtel d'Albiac jusqu'en 1540. Collège des Trente-Trois; fondé primitivement rue des Sept-Voies (Valette) à l'hôtel de Marly, par Claude Bernard avec l'aide d'Anne d'Autriche pour 33 élèves pauvres déjà clercs ou prêts à recevoir la tonsure (1657). Transporté ici, le collège fut reconstruit en 1740 et agrandi en 1775. Il s'appelait aussi séminaire de la Sainte-Famille. Le duc d'Orléans, fils du Régent, y rétablit les bourses. Séquestré et vendu nationalement en 1797. (Cour curieuse.)

N° **32**. Vieille maison.

N° **13**. Ici se trouvait, ainsi que sur le sol de la rue des Écoles, au coin nord de l'ancienne rue Traversine, le collège de La Marche qui avait été fondé en 1362 par Jean de La Marche dans l'impasse d'Amboise (impasse Maubert). Il se transporta à l'emplacement actuel dans l'ancien hôtel des abbés de Senlis en 1420. Le collège de La Marche fut supprimé à la Révolution et les bâtiments furent affectés à l'Université en 1808. Démoli par le percement de la rue des Écoles.

Rue Monge (1859).

Nom en 1864 en l'honneur du géomètre Gaspard Monge (1746-1818).

(Nous prendrons cette longue rue moderne comme axe de notre promenade, mais nous nous en écarterons à chaque

instant pour visiter les rues plus intéressantes qu'elle traverse ou qui y prennent naissance, rues que nous indiquons
dans l'ordre à la suite de la notice sur la rue Monge.)

N° **12**. Bas-relief sculpté à l'entresol de la maison
construite en 1867. Enseigne de l'Association fraternelle
des ouvriers maçons et tailleurs de pierre (1867).

N° **20**. Le **square Monge**, qui s'étend après ce
numéro, a été créé en 1859. Il est dominé par la haute
muraille de l'École Polytechnique. Il renferme une jolie
fontaine Louis XV qui avait été élevée en 1714 rue
Childebert, les statues de J. Aubry et de P. de Viole qui
proviennent de l'ancien Hôtel de Ville, des débris du
Palais de l'Industrie, une statue de Voltaire, reproduction en bronze par Bardedienne (1872) de la fameuse
statue de Voltaire par Houdon, et une statue de Villon.

N° **25**. A hauteur de ce numéro la rue Monge est
coupée par la rue d'Arras dont la notice est plus bas.

N° **29** *bis*. Rue des Boulangers. (Notice après la rue
d'Arras.)

Depuis la rue des Boulangers jusqu'au 57, la rue
Monge traverse l'emplacement des jardins du couvent
des Filles Anglaises et ceux des Pères de la Doctrine
chrétienne. (Voir rue du Cardinal-Lemoine.)

N° **49**. C'est ici qu'on mit à jour en 1868-1870 une
partie des Arènes, partie qui a été malheureusement
recouverte depuis par la Compagnie des Omnibus.

N° **56**. Visiter ici la rue Rollin. (Voir la notice à la
suite de la rue des Boulangers.)

N° **57**. Rue de Navarre. (Voir la notice à la suite de
la rue Rollin.)

N° **59**. Habité par M. Émile Faguet, membre de
l'Académie française.

N° **69**. A hauteur de ce numéro visiter la rue Lacépède qui coupe la rue Monge. (Notice à la suite de la rue de Navarre.)

Nᵒ **75. Rue Malus** (1879). Nom en mémoire de Louis Malus, chimiste et physicien (1775-1812).

Nᵒ **72. Place Monge**, formée en 1859 sur l'ancienne rue Triperet. Sur la place se trouve la statue de Louis Blanc par L. Delhomme (1886).

Nᵒ **75 *bis*. Rue Larrey** (1879). Nom en l'honneur du chirurgien en chef des armées du premier Empire (1766-1842.)

Nᵒ **77. Rue Dolomieu** (1879). Nom en souvenir du géologue (1750-1801.)

Nᵒ **83. Rue du Puits-de-l'Ermite.** (Notice après la rue Lacépède.)

Nᵒ **80. Rue Pestalozzi** (1886). La rue, ouverte entre les rues Gracieuse et de l'Épée-de-Bois, a été prolongée en 1891 jusqu'à la rue Monge. Nom en mémoire d'Henri Pestalozzi, célèbre pédagogue (1746-1827).

Nᵒ **86. Rue de l'Épée-de-Bois.** (Notice après la rue du Puits-de-l'Ermite.)

Nᵒ **95 *bis*.** Intéressante façade décorée de bustes. Derrières de l'ancienne pension Savouré. (Voir 25, rue de la Clef.)

La rue Monge coupe ensuite les rues Mirbel, Daubenton et Censier, dont nous retrouverons les notices plus bas.

Nᵒ **119. Impasse de la Photographie.** Doit son nom, donné par le propriétaire, à une photographie qui y était située. Cette impasse se trouve au-dessus du cours de la Bièvre.

Rue d'Arras.

Jadis des Murs parce qu'elle longeait l'enceinte de Philippe Auguste, puis rue du Ras (corruption d'Arras), rue du Champ-Gaillard au XVIe siècle, à cause des gaillardises dont les clercs débauchés la rendaient le théâtre, et rue d'Arras à cause du collège de ce nom. La rue a perdu quelques maisons par le percement de la rue des Écoles et la rue Monge l'a éventrée.

Le collège d'Arras se trouvait du côté pair de la rue, sur l'emplacement de la rue Monge. Ce collège avait été fondé en 1332 rue Chartière et transporté ici plus tard. Le fondateur en avait été Nicolas Le Canderlier, abbé de St-Waast d'Arras et ce collège était destiné à des écoliers pauvres du diocèse d'Arras. Le collège, dont les revenus provenaient de l'île d'Asnières, fut réparé en 1612, et fut occupé gratuitement par des prêtres anglais de 1613 à 1642 et réuni à Louis-le-Grand en 1763. Les bâtiments furent occupés sous Louis XVI par l'évêque d'Arras et vendus en 1791.

Dans la rue d'Arras s'ouvrait du côté pair la rue Traversine, qui la faisait communiquer avec la rue de la Montagne-Ste-Geneviève ; elle a été absorbée par la rue Monge en 1857.

Nº 3. Fut église catholique gallicane du père Loyson. Aujourd'hui Concert de la Mésange.

Nº 9. Au fond de la cour se voit un fragment considérable de l'enceinte de Philippe Auguste.

Nº 23. Madone dans une niche.

Nº 23. Vieille maison. Sous Henri IV la rue d'Arras possédait une caserne d'hommes d'armes qui se trouvait sur cet emplacement, au coin de la rue Clopin.

Rue des Boulangers.

Rue Neuve-St-Victor en 1350, elle prit bientôt après le nom actuel en raison des nombreux boulangers qui y habitaient. Le percement de la rue Monge l'a un peu diminuée.

Nº **38.** La présidente de Beaufort au xvIIIᵉ siècle.

Nº **34.** Maison où Louis XIV mit en nourrice les enfants de Mme de Montespan (?).

Nº **19.** De ce numéro jusqu'au 31 s'étendait le couvent des Filles Anglaises. (Voir rue du Cardinal-Lemoine.) Aujourd'hui école communale de filles.

Nº **30.** L'historien Lafeuve dit que la famille de l'éditeur Challamel la possédait depuis près d'un siècle en 1858.

Nº **22.** Mis en loterie par suite d'un décret de la Convention en l'an III et gagné par le citoyen Léonor Viel.

Nº **13.** Vieille maison (rampe en fer forgé).

Nº **7.** Vieille maison ainsi qu'aux 6, 4, 2, etc.

Rue Rollin.

S'est appelée rue des Moulins-à-Vent au xvIᵉ siècle, rue du Puits-de-Fer, rue des Morfondus, rue Tiron, puis rue Neuve-St-Étienne. Nom actuel en 1867 en l'honneur de l'écrivain recteur de l'Université (1661-1741). La rue Neuve-St-Étienne se prolongeait à l'Est jusqu'à la rue Coupeau (Lacépède); la rue Monge l'a éventrée et la partie Est est devenue rue de Navarre.

Nº **2.** Emplacement de la maison, où, d'après l'inscription, serait mort Pascal le 19 août 1662, chez la sœur Marguerite Périer.

No **4**. La première pierre de cette maison a été posée en 1623, ainsi que le dit une inscription placée à gauche dans le couloir d'entrée, par Jehan Hubert, maître apothicaire à Paris. Bernardin de Saint-Pierre y habita de 1781 à 1786. Il y publia en 1784 ses *Études de la nature* et en 1786 *Paul et Virginie.* Voir l'escalier Louis XIII en fer forgé et en bois, la cour avec sa grille de l'époque et un vieux puits à poulie intéressant.

Nº **6**. Vieille porte. La porte du 7 est également intéressante.

Nº **8**. Rollin y habita et y mourut (1741). Il a laissé un distique en latin au-dessus d'une porte à gauche en entrant dans la cour.

École Ste-Geneviève tenue par les sœurs de 1889 à 1903. Actuellement externat Ste-Geneviève dirigé par Mme Deroye. Cet établissement était antérieurement depuis quarante-cinq ans rue du Cardinal-Lemoine sous la direction de Mme Mabile.

Nº **10**. École communale de garcons, jadis École des Frères de la Doctrine chrétienne, dont les jardins s'étendaient jusqu'à ceux des Filles Anglaises de la rue des Boulangers.

Nº **14**. Descartes y habita.

Nº **19**. Dans la cour se trouvent les restes de l'hôtel de M. de Caumartin, évêque de Blois et fils du garde des sceaux.

C'est dans la rue Neuve-St-Étienne que s'ouvrait le couvent des Augustines de la Congrégation, où fut élevée Manon Phlipon (Mme Roland). Le couvent, qui était situé du côté des chiffres pairs, sur l'emplacement du sol de la rue Monge, s'étendait le long du côté pair de la rue de Navarre (emplacement des Arènes). Il avait une entrée rue Lacépède au 4 et rue Linné au 9. (Voir rue Lacépède.)

Rue de Navarre.

Faisait partie de la rue Neuve-St-Étienne avant le percement de la rue Monge. Cette ancienne partie de la rue Neuve-St-Étienne s'appela ruelle Montauban au xviᵉ siècle. Le nom actuel vient du voisinage de l'ancien collège de Navarre (École Polytechnique). Au 5 s'ouvre la **rue des Arènes** qui a été ouverte en 1888, et où nous voyons au 6 les réservoirs St-Victor. Cette rue des Arènes longe le **square des Arènes-de-Lutèce** (1890), qui se trouve sur l'emplacement d'une partie de l'ancien couvent des Augustines, puis des Dames de Jésus-Christ, démoli en 1883.

* Les Arènes ont pu être construites sous Adrien ou bien dans la seconde moitié du iiiᵉ siècle après Jésus-Christ. Elles furent détruites au vᵉ siècle par les barbares puis par les chrétiens. Les pierres furent employées à la construction des murs de la Cité, et pour d'autres édifices. C'est ce qui expliquerait pourquoi on a retrouvé des gradins dans les fouilles du Parvis Notre-Dame, gradins qui peuvent provenir de ces Arènes. Au viᵉ siècle, Chilpéric fit restaurer un édifice romain, mais rien ne prouve que ce soient ces Arènes. Les premières découvertes de l'époque gallo-romaine eurent lieu en cet endroit en 1869-1870, puis les ruines furent remblayées et malheureusement le terrain fut vendu à la Compagnie des Omnibus. La partie que l'on voit actuellement a été déblayée en 1883. A cette époque on a découvert l'amorce d'un aqueduc qui devait conduire les eaux des Arènes vers le Nord, peut-être vers la Bièvre. La moitié des Arènes est encore enfouie sous le Dépôt de la Compagnie des

Omnibus, mais le percement de la rue Monge a mutilé à jamais le premier théâtre parisien.

Dans le square se trouve le monument de Gabriel de Montillet (1811-1858), par A. Le Penne.

Rue Lacépède.

Ouverte au xive siècle sur le territoire dit de Coupeaulx. Elle s'appela rue Coupeau jusqu'en 1853. Nom en l'honneur du naturaliste (1756-1822).

* N° **1.** Hôpital de la Pitié fondé en 1613 par ordre de la régente Marie de Médicis sur l'emplacement d'un ancien jeu de paume dit de la Trinité, et sur d'autres terrains acquis successivement, parmi lesquels ceux du couvent de la Mère de Dieu.

En 1612, Marie de Médicis avait fait un édit pour la répression de la mendicité, et ce fut elle qui acheta plusieurs maisons près de la butte des Coupeaulx. Les mendiants se dérobèrent à l'hospitalisation et l'établissement recueillit alors les enfants sous le nom de Refuge. Après l'édit de 1657 on y enferma les mendiants, qui furent appelés les Enfermés, et la maison devint alors Notre-Dame-de-Pitié et le centre de l'administration de l'Hôpital général, organisation immense créée en 1656 sur l'initiative de Pomponne de Bellièvre.

Ce fut alors que l'établissement s'agrandit d'une façon considérable. Pendant la Révolution on y reçut les enfants dits : Enfants de la Patrie. Pendant quelque temps la maison s'appela : Hôpital des Orphelins du faubourg St-Victor. En 1809 la Pitié devint Hôpital des Malades et annexe de l'Hôtel-Dieu. Réorganisé en 1813. (On doit démolir cet hôpital.)

Le bâtiment, au coin de la rue Lacépède et de la rue

Quatrefages, servait de logis au recteur de l'Hôpital général. (Intéressants restes d'une niche avec armoiries au coin de ce bâtiment et de la rue Quatrefages.) Le grand bâtiment, dit Pavillon Michon, qui est rue Daubenton et rue Geoffroy-St-Hilaire, date de la fin du xviiiᵉ siècle. Une partie de la chapelle sert actuellement aux cours des Infirmières et la partie de la chapelle qui est sur la rue Lacépède sert aux consultations.

Nº 3. Rue Quatrefages. Ouverte vers 1540. Rue St-René, puis rue du Battoir. Nom en 1898 en l'honneur du naturaliste (1810-1892). Dans cette rue se trouvait le sérail du maréchal de Saxe, qu'il emmenait à la guerre en trois coches appelés les « fourgons à femmes du maréchal ». Sur le mur de la Pitié nous voyons une ancienne inscription bien conservée et restaurée : Rue du Battoir. Au 1, mascaron. Au 9, ancien réservoir dans la cour.

Nº 4. Emplacement de l'ancien hôtel Montauban devenu tripot ensuite. Acheté en 1673 par Imbert Porlier, recteur de l'Hôpital, qui en fit cadeau en 1681 aux chanoinesses de la rue des Jeûneurs, qui étaient les Filles de la Congrégation Notre-Dame. Ces religieuses Augustines étaient originaires de Lorraine où l'ordre avait été fondé en 1597 et elles étaient installées depuis 1644 rue des Jeûneurs, au coin de la rue St-Fiacre. Imbert Porlier fit bâtir une église qui fut bénite en 1688. Manon Phlipon, la future Mme Roland, y fut élevée en partie. Ce sont ces religieuses qui firent l'acquisition de l'Abbaye-aux-Bois en 1808. De 1821 à 1846 couvent des Visitandines. S'ouvrait également 9, rue Linné.

* **Nº 7.** Très joli hôtel construit en 1761 par Pourfour du Petit. Le général Sarrazin, qui fut poursuivi pour bigamie (1802). Marrast, Guinard, Godefroy Cavai-

gnac, Berryer, Fontaine s'échappèrent en 1834 de
Ste-Pélagie par un souterrain donnant dans le jardin de
cet hôtel.

N° **11**. Du 11 au 15 inclus s'étendait un côté de la
prison Ste-Pélagie, qui s'ouvrait également rue de la
Clef et rue du Puits-de-l'Ermite. Ici jadis s'élevait
l'hôtel Zaulne, dit de la Geuserie. En 1660, Mme de
Miramion avait fondé dans les dépendances de l'hôpital
de la Pitié un couvent consacré à Ste Pélagie et qui
formait deux bâtiments distincts. L'un s'appelait la
maison de force et servait de refuge obligatoire à des
femmes ou filles enfermées par ordre du roi; ce bâtiment s'ouvrait rue du Puits-de-l'Ermite. L'autre bâtiment était désigné sous le nom de la maison de Bonne-
Volonté et s'ouvrait rue Coupeau (Lacépède). Il était
occupé par des repenties qui avaient pris le voile.
Entre les deux bâtiments il n'y avait pas de communica-
tions et il y avait deux chœurs qui donnaient sur l'église
commune. Ce couvent fut fermé en 1790 et transformé à cette époque en prison malsaine. Les détenus
malgré cela payaient une pension. Là furent incar-
cérés Roucher, Virot de Sombreuil, ancien gouverneur
des Invalides, et sa fille, Joséphine de Beauharnais,
le vicomte de Pons, Mme de Ste-Amaranthe et sa fille
Emilie, Marie Babin de Grandmaison, la maîtresse du
baron de Batz, Rouget de l'Isle. Mme Roland y fut
également détenue et y écrivit ses *Mémoires* avant
d'être transférée à la Conciergerie.

Le pavillon réservé aux détenus politiques se trouvait
au coin de la rue du Puits-de-l'Ermite et c'est là que
furent enfermés : Ouvrard, Béranger, P.-L. Courier,
Armand Carrel, Cavaignac, Barbès, Blanqui, Arago,
Félix Pyat, etc. Raoul Rigaud, membre de la Commune,

y fit fusiller le journaliste Chandey. Tout a été démoli de cette triste prison.

N° 9. Vieille maison.

N° 31. **Rue Gracieuse.** Cette rue doit son nom à une famille de ce nom qui y demeurait au XIIIᵉ siècle. Avant le percement de la rue Monge la rue s'étendait jusqu'à la rue d'Orléans (Daubenton), et la partie comprise entre la rue d'Orléans et la rue de l'Epée-de-Bois s'appela rue du Noir jusqu'en 1801. C'est dans cette rue du Noir que naquit Santerre en 1752. Au point de rencontre de la rue Gracieuse et de la rue de l'Épée-de-Bois se trouvait au XVIIIᵉ siècle le petit Champ d'Albiac qui était bien plus vaste jadis et qui était limité autrefois par les rues Lacépède, Gracieuse, Daubenton et Geoffroy-St-Hilaire. La rue Gracieuse du côté de la rue Lacépède possède des vieilles et curieuses maisons comme le 37, le 20, etc. Au 21 se trouve la caserne Mouffetard, occupée par la Garde républicaine. Cette caserne est sur l'emplacement de l'ancien séjour d'Orléans et sur l'ancien couvent des Religieuses de la Miséricorde.

N° 43. Entrée avec bornes ainsi qu'au 45.

N° 46. Restes de l'hôtel Caumartin (19, rue Rollin).

N° 55. Vieille maison.

Rue du Puits-de-l'Ermite.

Avant 1674 la rue se prolongeait jusqu'à la rue Geoffroy-St-Hilaire, mais la partie comprise entre la rue Quatrefages et la rue Geoffroy-St-Hilaire a été absorbée dans les bâtiments de la Pitié. La partie qui s'étendait entre la rue de la Clef et la rue Gracieuse s'appela rue Françoise (1588). La rue s'appela rue du Puits et ensuite rue du Puits-de-l'Ermite à cause d'un puits qui avait été foré par un tanneur nommé L'Hermite. Le célèbre oratorien Olivier Patru est mort en 1681 rue du Puits-de-l'Ermite. Coysevox et Constou habitèrent la rue, ainsi que le peintre Antoine Bourdon. Dans la rue se trouvait une maison de retraite pour les prêtres infirmes qui avait été fondée jadis par le sorboniste Witasse. Cette communauté, dite de St-François de Sales, s'installa rue du Puits-de-l'Ermite dans une maison qui avait été occupée avant 1702 par les Filles de la Crèche, communauté supprimée par le cardinal de Noailles. (Emplacement de l'hôpital de la Pitié au sud de la place du Puits-de-l'Ermite.)

N° 5. Maison ancienne avec statuette de la Vierge. En face, entre la rue de la Clef et la rue de la Pitié, s'étendait la prison Ste-Pélagie.

N° 7. Vieil hôtel dit de Ste-Pélagie, d'où les prisonniers faisaient venir leurs repas.

N° 1. Reste d'inscription du nom de la rue.

Au 2 de la **Place du Puits-de-l'Ermite**, inscription ancienne : Rue du Puits de l'Ermite, bien conservée.

Rue de l'Épée-de-Bois.

Cette rue qui conduisait à la place dite du Petit-Champ-d'Albiac qui se trouvait au point de rencontre avec la rue Gracieuse et qui fut supprimée en 1808, doit son nom à une enseigne.

N° 5. Emplacement de l'asile Ste-Rosalie qui avait été créé sous Louis-Philippe par les soins de la sœur Rosalie. Transformé en 1880 en établissement de l'Assistance publique. Démoli et reconstruit en 1904 comme hospice de vieillards. La sœur Rosalie, de son

nom Jeanne-Marie Rendu, fut une des gloires les plus
pures de Paris, et elle donna un magnifique exemple de
courage et d'héroïsme pendant le choléra de 1832 et la
Révolution de 1848. Une voie de Paris dans le
XIIIᵉ arrondissement porte son nom.

N° **10**. Vaste cour qui semble être celle d'une ferme
lointaine de Paris. Au 11 s'ouvre la rue des Patriarches.

Rue des Patriarches.

Remplace l'ancienne rue des Petits-Champs qui allait
de la rue d'Orléans (Daubenton) à la rue de l'Épée-de-
Bois. La rue actuelle a été ouverte en 1828. Son nom lui
a été donné en 1844 à cause du marché des Patriarches.

N° **6**. Curieux **Passage des Patriarches**, sur
l'emplacement de l'ancien hôtel de Chanac du XIVᵉ siècle,
qui fut habité par Guillaume de Chanac, évêque de Paris
et patriarche d'Alexandrie, et par Bertrand de Chanac,
patriarche de Jérusalem. Une partie du vaste domaine
de Bertrand de Chanac fut donné en 1402 au collège de
Chanac qui avait été fondé par Guillaume de Chanac,
patriarche d'Alexandrie, rue de Bièvre. L'hôtel de Chanac
devint un prêche calviniste dont les fidèles eurent des
démêlés sanglants avec les paroissiens de St-Médard,
démêlés connus sous le nom de tumulte de St-Médard.
Au sac de l'église, en 1561, les catholiques répondirent
en mettant le feu au prêche et le connétable de Montmorency en fit raser le corps de logis. Ce qui restait du
séjour des Patriarches fut habité par Jean de Canaye en
1561, par Étienne de Canaye en 1698 et par l'abbé de
Canaye en 1761. Le maréchal de Biron était propriétaire sous Louis XVI de cette maison à grande cour où
il y avait déjà marché aux légumes depuis 1684, deux

fois par semaine. Cette cour est devenue le marché des Patriarches depuis 1830.

De l'autre côté du marché se trouve la **rue du Marché-des-Patriarches** créée en 1830 et dénommée en 1844.

Rue Daubenton.

Rue des Bouliers au XIIIe siècle, puis rue Neuve-d'Orléans-St-Marcel, et rue d'Orléans. Nom actuel en 1864 en l'honneur du naturaliste (1716-1800).

L'ancien séjour d'Orléans qui donna son nom à la rue s'étendait entre les rues Mouffetard, Daubenton, Geoffroy-St-Hilaire et du Fer-à-Moulin. En face se trouvait le fief d'Albiac qui était limité, comme nous l'avons dit, par les rues Gracieuse, Daubenton Geoffroy-St-Hilaire et Lacépède. Le séjour d'Orléans avait été primitivement l'hôtel des Carneaux, de Dormans (1380), d'Isabeau de Bavière en 1387, qui le donna à Louis d'Orléans, père de Charles VI. Ce fief s'appela dès lors Séjour d'Orléans et passa après la mort du duc, à son petit-fils Louis XII, roi de Sicile, puis à Marguerite d'Anjou, veuve d'Henri VI d'Angleterre. En 1645, ce fief qui consistait en un gros pavillon, quantité de jardinages, et plusieurs censives, appartenait au président des Mesmes, chancelier de la reine Louise de Vaudémont, veuve de Henri III. En 1663 il appartenait aux religieux de Ste-Geneviève, puis il fut divisé en plus de quarante héritages.

N^{os} **41** et **39**. Presbytère et curieuse entrée latérale de l'église St-Médard. A côté du 39 on voit encore sur le mur le tracé de deux grandes portes qui donnaient jadis accès au cimetière de St-Médard.

N° **37**. **Rue de Candolle** (1359). Nom en mémoire du

botaniste suisse (1778-1841). Cette rue longe la nouvelle
chapelle des Catéchismes et la Bibliothèque paroissiale
de St-Médard qui se trouve sur une partie de l'ancien et
célèbre cimetière.

N° **23**. Bâtiment d'entrée d'un ancien couvent de la
congrégation des Filles-Notre-Dame. Ce couvent ne fut
pas aliéné et fut vendu en 1811 par l'Administration des
Hospices. Le jardin qui subsiste encore en partie s'étendait jusqu'à la rue Censier. C'est ce couvent, qui devint
une pension de famille, et qui était mitoyen avec les
immeubles (22, 24, 26) récemment reconstruits de la rue
de la Clef, qui fut la cause de la dénomination partielle
et passagère de la rue de la Clef qui s'appela Vieille-rue-
Notre-Dame entre la rue Daubenton et la rue Censier.

Nᵒˢ **21** et **19**. Sur l'emplacement du Séjour d'Orléans.
Succursale des Filles de la Croix dont la maison mère
était impasse Guéménée. Cette succursale, qui existait
ici depuis 1656 et dont les jardins s'étendaient jusqu'à
la rue Censier en face du couvent des Cent-Filles, était
sous le vocable de Ste-Jeanne. Une partie des vieux
bâtiments subsiste toujours.

N° **20**. **Rue de la Pitié**. La partie comprise entre la
rue Daubenton et la rue du Puits-de-l'Ermite existait au
commencement du xvııᵉ siècle et s'appela primitivement
rue Jean-Mesnard, rue Jean-Molé, puis rue La-Fontaine.
La partie au nord de la rue Daubenton est moderne et
a été tracée sur l'emplacement de l'ancienne prison
Ste-Pélagie. Au 3 mourut, en 1834, la sœur de Robespierre qui avait été demandée en mariage par Fouché.
Le 5, qui date de 1880, est orné d'une petite frise avec
sujets de chasse. De la porte du 8 nous avons une vue
curieuse sur les vieux bâtiments de la Pitié.

N° **13**. Porte ancienne ainsi qu'au 9.

N° **11. Rue du Gril.** Indiquée au xvii⁰ sicèle et formée en 1846. S'appela rue du Gril-Fleuri, puis rue du Gril : le nom lui vient d'une enseigne. Au 8, inscription ancienne du nom de la rue.

Depuis la rue de la Pitié, la rue Daubenton longe le Sud des bâtiments de la Pitié. A l'angle de ces bâtiments et de la rue de Geoffroy-St-Hilaire, on voit encore l'inscription ancienne du nom de la rue : Rue d'Orléans. Sur le même angle du côté de la rue Geoffroy-St-Hilaire on a peine à déchiffrer l'ancienne inscription presque effacée : Rue du Jardin du Roi.

Rue Censier.

La partie comprise entre la rue Geoffroy-St-Hilaire et la rue de la Clef s'appela Vieille-rue-St-Jacques en 1600, puis rue des Treilles en 1646. La rue était jadis une impasse ou rue sans chief, dont on a fait par corruption rue Sensée, Censée, Centier et Censier. Le nom vient peut-être aussi d'un bureau où on enregistrait le cens dans un registre appelé censier. La rue est parallèle au cours de la Bièvre.

N° **15.** Orné d'un mascaron Louis XIV. Fut caserne d'une compagnie sous Louis XV.

N° **17.** Fut brasserie pendant plus de deux siècles. Fut acheté comme agrandissement par Antoine Santerre qui était au 19. C'est aujourd'hui une peausserie comme presque toutes les maisons du quartier.

N° **19.** Emplacement de l'ancienne brasserie de la Magdeleine qui fut achetée par Antoine Santerre, père du fameux brasseur qui, lui, était installé au faubourg St-Antoine. Aujourd'hui dépôt de cuirs.

N° **19. Rue Santeuil** (1863). S'est appelée primiti-

vement rue de la Halle-aux-Cuirs. Nom actuel en 1867
en souvenir de J.-B. Santeuil, poète latiniste (1630-1697).
La rue longe les bâtiments dits de la Halle-aux-Cuirs
qui occupent un quadrilatère compris entre les rues
Censier, Santeuil, du Fer-à-Moulin et de la Clef. Ces
bâtiments, comme nous le verrons tout à l'heure, se
composaient, avant l'incendie de 1906, des bâtiments de
l'ancien hôpital des Cent-Filles et de bâtiments qui
avaient été élevés de 1865 à 1868. Les commerçants en
cuir ne voulurent pas se transporter là, et le quadrilatère
fut concédé à M. Harding qui en fit le dépôt du tramway
à vapeur Montmartre-boulevard St-Marcel, qui fut supprimé en 1880. M. Harding monta alors un entrepôt
général agréé par l'État, entrepôt dont M. Delamaire
prit la suite, et c'est pourquoi ce quadrilatère connu
sous le nom de Halle aux Cuirs abritait un tas de comes-
tibles lors de l'incendie de 1906 qui a détruit particulièrement les bâtiments modernes en bordure de la rue de
la Clef. Au 17 de la rue se trouve une curieuse cour.
Au 19, dans les anciens bâtiments des Cent-Filles, se
trouve un intéressant escalier avec balustres de bois
tourné.

Nᵒˢ **21, 23** et **25**. Ancien hôpital de la Miséricorde
fondé en 1624 par le président Antoine Séguier pour
cent filles orphelines légitimes. C'est pourquoi cet
hôpital qui s'étendait avant le percement de la rue Santeuil jusqu'à la maison de Santerre, c'est-à-dire jusqu'au
19, s'appelait vulgairement les Cent-Filles ou les Cent-
Vierges. La maison, au sud, s'étendait primitivement
jusqu'à la Bièvre, et elle se prolongea ensuite jusqu'à la
rue du Fer-à-Moulin. D'après une ordonnance de 1656,
les compagnons des Arts et Métiers qui, après avoir
terminé leur apprentissage, épousaient les filles de la

Miséricorde, étaient reçus de suite dans la corporation. L'hôpital fut supprimé à la Révolution. Sur l'emplacement de cet hôpital on a construit la Halle aux Cuirs et le percement de la rue Santeuil en a complété la transformation. Il en reste la maison d'angle de la rue Censier et quelques constructions qui ont conservé le caractère de leur ancienne destination.

En face de cette maison des Cent-Filles se trouvaient, comme nous l'avons dit en parlant de la rue Daubenton, deux autres couvents dont les jardins s'étendaient jusqu'à la rue Censier et qui étaient celui de la Congrégation des Filles-Notre-Dame (23, rue Daubenton) et celui des Filles-de-la-Croix (21 et 19, rue Daubenton). Ces maisons, dit M. Lambeau, l'érudit secrétaire de la commission du Vieux Paris, étaient de véritables pensionnats et avaient été fondés pour réformer cette région du faubourg St-Marceau qui était un foyer de prostitution, de jeu, de mendicité et de désordres de tout genre.

N° **26. Rue de Mirbel.** Cette rue qui rejoint la rue Censier par un escalier a été exécutée lors du percement de la rue Monge. Nom en 1877 en souvenir du botaniste Brisseau de Mirbel (1776-1854).

La rue Censier se prolonge jusqu'à la rue Mouffetard en longeant de ce côté le square St-Médard dont nous parlerons ailleurs. Elle est coupée par la rue de la Clef.

Rue de la Clef.

La rue s'est appelée jadis rue St-Médard, puis au XVIIe siècle elle prit le nom de rue de la Clef, entre la rue Daubenton et la rue Lacepède, à cause d'une enseigne. La partie comprise entre les rues Daubenton et Censier s'appelait Vieille-Rue-Notre-Dame à cause du couvent

des Filles-Notre-Dame (23, rue Daubenton), et la partie
comprise entre la rue Censier et la rue du Fer-à-Moulin
s'appelait rue du Pont-aux-Biches, à cause d'un pont
situé sur la Bièvre. Toute la rue a reçu une dénomination
unique en 1868. La Motte Collier, veuf de la fameuse
Mme de La Motte, habitait en 1824 le 3 de la rue de la
Clef. Il voulait faire du chantage et pour éviter un scan-
dale il fut logé, par les soins du préfet, rue Coupeau
Lacépède).

N° **56**. Emplacement, comme nous l'avons vu au sujet
de la rue Lacépède, de l'ancienne prison de Ste-Pélagie,
dont les bâtiments de ce côté s'étendaient presque
jusqu'à la rue du Puits-de-l'Ermite.

N° **52**. Mascaron.

N° **38**. Vieille maison. Villa Monge.

* N° **25**. Ancienne pension Savouré où Jérôme Bonaparte, l'amiral Baudin, Gay-Lussac furent élèves. Appartient encore aujourd'hui à la famille Savouré. De 1747
à 1770 cet hôtel appartenait à Pierre Danès, président
à la Cour des Aides, puis à la famille de Rohan, et
dès 1779 à la famille Savouré.

N° **21**. La maison qui s'élevait sur cet emplacement
et qui a été démolie en 1907 passait pour avoir abrité
Henriot, l'homme des journées de Septembre. En tout
cas, en 1793, Henriot était rue de la Clef dans une maison
voisine de l'institution Savouré. Plus récemment cette
maison servait de rendez-vous à la bande des quarante
voleurs dits les bandits d'Abbeville (1907).

N° **16**. Restes de l'hôpital des Cent-Filles ainsi
qu'au 14.

La rue de la Clef, dans sa partie sud, longe les bâtiments neufs de la Halle aux Cuirs, reconstruite après
l'incendie de mai 1906.

(Nous abandonnons ici notre axe de promenade, la rue
Monge, au point où elle se termine dans l'avenue des Gobelins, non loin du lieu dit jadis du Pont-aux-Tripes, qui se
trouvait entre la rue Censier et la rue du Fer-à-Moulin, et
nous prendrons à gauche la rue du Fer-à-Moulin.)

Rue du Fer-à-Moulin.

Rue au Comte-de-Boulogne au xiie siècle, rue Riche-
bourg au xiiie, rue des Morts entre la rue des Fossés-
St-Marcel et la rue du Pont-aux-Biches (de la Clef),
puis rue de la Muette dans cette partie par altération
de rue des Morts, et rue Permoulin du nom d'un propriétaire entre la rue du Pont-aux-Biches et la rue
Mouffetard, puis vers 1780 rue du Fer-à-Moulin, par
altération de Permoulin.

Nº **42**. Entrée curieuse.

Nº **19. Rue Scipion.** Date du xvie siècle et s'appela
primitivement rue de la Barre, à cause d'une barre qui
la fermait du côté de la rue des Francs-Bourgeois-St-
Marcel. Elle doit son nom actuel à l'hôtel Scipion qui
s'ouvre au 13.

* L'hôtel de Scipion Sardini a été construit en 1565
en briques et pierres et orné de médaillons en terre
cuite qui existent toujours dans la cour. Scipion Sardini
était Toscan et de la famille des Interminelli. Il vint en
France à la suite de Catherine de Médicis et fit une
fortune scandaleuse. Il épousa Isabelle de Limeuil, fille
de Gille de Latour, de la maison des comtes d'Auvergne.
Isabelle de Limeuil avait été la maîtresse du duc d'Aumale, de Claude de La Châtre, de Ronsard, de Bran-
tôme et de Condé. Elle avait accouché d'un garçon à
Dijon en audience solennelle, alors qu'elle faisait partie
de l'escadron volant de Catherine de Médicis. Enfermée

aux Cordelières d'Auxonne, elle s'évada gràce à Condé et quand celui-ci se remaria avec Mlle de Longueville, elle épousa Sardini, le plus opulent financier de ce temps et premier fermier du royaume. Sardini devint baron-de Chaumont-sur-Loire et mourut en 1609. Son hôtel fut habité ensuite par son fils qui le vendit à Pierre Plombier, puis Antoine d'Amboise le posséda jusqu'en 1639. Dépôt de mendicité. La maison fut ensuite placée en 1656 sous l'invocation de Ste Marthe, mais dès 1614 l'hôtel paraît être devenu un hôpital. Depuis 1742, c'est la Boulangerie des hôpitaux de Paris. (Voir la cour, les médaillons en terre cuite, les écussons.) Devant l'ancien hôtel de Scipion Sardini s'étend la **place Scipion**. On a transporté dernièrement dans le square le groupe des Boulangers du sculpteur Charpentier.

N° **17**. Emplacement de l'ancien hôtel de Coupeaux (1423) qui appartint ensuite aux seigneurs de Boulogne et aux sires de Dormans, seigneurs de Clamart. En 1546, le jardin de l'hôtel de Clamart devint un cimetière dit de Clamart, pour les morts de l'Hôtel-Dieu. Ce cimetière fut désaffecté en 1793 et remplacé par le cimetière Ste-Catherine ouvert à côté. Aujourd'hui amphithéâtre d'anatomie des Hôpitaux de Paris ou clinique de dissection. On y a inauguré en 1909, dans le jardin, le monument du chirurgien P. Tillaux, œuvre de Chaplain.

A l'angle de la rue du Fer-à-Moulin et de la rue Geoffroy-St-Hilaire, se trouvait jadis la Croix Clamart, qui fut remplacée par la fontaine Poliveau, qui a également disparu. Cette croix de Clamart avait été commandée en 1546 à Pierre Nicole, maçon, par Andibert Catin, bourgeois de Paris.

Rue Geoffroy-St-Hilaire.

Indiquée en 1530, elle s'appela en 1603 rue Corpeaux ou Coipeaux, parce qu'elle conduisait à la butte des Copeaux. Puis la rue fit partie de la rue St-Victor et s'appela rue du Jardin-du-Roi en 1760, puis rue du Jardin-des-Plantes. Nom actuel en 1848 en l'honneur du naturaliste (1772-1844).

N° 3. Impasse du Marché-aux-Chevaux, qui existait au milieu du xviiie siècle.

* N° 5. Intéressant pavillon de surveillance du Marché aux Chevaux (1760) construit sur les ordres de M. de Sartines. Restauré en 1877. Aujourd'hui commissariat de police. (Voir les inscriptions.)

N° 9. Enseigne du Cheval-Blanc.

N° 30. Emplacement du moulin à eau, dit de Coupeau, qui se trouvait sur la Bièvre.

N° 32. Ancienne impasse de Bièvre, fermée aujourd'hui. Là se trouve la maison de la sœur Rosalie de la paroisse St-Médard. La Bièvre passe ici sous la rue entre les 29 et 31 de la rue Geoffroy-St-Hilaire.

N° 34. Vieille maison.

N° 35. Grille avec enseigne de la Biche.

N° 36. Maison de Buffon. Il y mourut en 1788. (Visiter ici la rue Buffon dont la notice est plus bas.)

N° 37. Maison de Daubenton. Escalier en fer forgé.

N° 38. Ici se trouvait jadis la Porte Royale du Jardin du Roi. A gauche de cette entrée se trouvait une salle où le célèbre chirurgien Dionis faisait son cours dès l'hiver de 1672-1673, et démontrait d'une part les opérations de chirurgie, et de l'autre l'anatomie de l'homme suivant la circulation du sang et les nouvelles décou-

vertes méconnues encore à la Faculté de Médecine.
Cette chaire avait été créée en 1635 et avait pour objet
lors de sa création l'étude de la chirurgie, mais son
premier titulaire, Marin Cureau de La Chambre, lui
imprima une nouvelle direction : « Le modeste cabinet
ostéologique, qui était à l'usage de cette vieille chaire
d'anatomie et de chirurgie du Jardin du Roi, disait
M. le docteur Hamy, professeur au Muséum, est devenu
peu à peu notre grand musée anthropologique national ».
Les collections spéciales, qui s'accroissent régulière-
ment chaque année, dépassent aujourd'hui le chiffre de
45 000 objets.

*N° **40**. Le Jardin des Plantes. Ce fut Hérouard, premier médecin de Louis XIII, qui conçut le projet, projet
qui fut repris par Guy de La Brosse, médecin ordi-
naire de Louis XIII. Il acheta ici un terrain inculte qui
s'appelait antérieurement la Voirie aux Bouchers, et
une butte, dite la butte aux Copeaux, qui était formée
d'amas successifs d'immondices accumulées depuis des
siècles. Cette butte est devenue le labyrinthe actuel.
Guy de la Brosse donna le terrain au Roi et le Jardin
Royal des Herbes médicinales fut fondé par édit du
Roi en 1626. En 1635, Guy de La Brosse organisa le
jardin et établit des chaires de botanique, de pharmacie
et de chirurgie. Ce fut Eagon qui lui succéda, puis vint
Tournefort qui créa les serres. E.-F. Geoffroy, A. de
Jussieu, Vaillant y professèrent. En 1650 le jardin fut
ouvert au public, mais il n'était pas alors aussi vaste
qu'aujourd'hui et il ne s'étendait devant les bâtiments
élevés rue Geoffroy-St-Hilaire que sur la moitié du
jardin actuel. Les débuts furent en somme assez diffi-
ciles, mais en 1739 Buffon fut nommé surintendant du
Jardin Royal en remplacement de Du Fay, et l'établis-

sement fut réorganisé. Ce fut Buffon qui créa les belles allées de tilleuls, l'amphithéâtre, le laboratoire de chimie et les galeries d'histoire naturelle. Buffon eut pour successeur, en 1788, le maréchal de Flahault, qui fut guillotiné plus tard à Arras, mais ce nouveau surintendant s'occupa peu de sa charge, laissant la besogne aux Thouin, Lacépède, Jussieu, Fourcroy, Portal, etc. Bernardin de St-Pierre le remplaça en 1792. En 1793 un décret de la Convention réorganise l'établissement sous le nom de Muséum d'histoire naturelle et y crée douze chaires. De nouveaux bâtiments sont construits. On adjoint au Muséum une ménagerie constituée avec les débris des collections royales qui avaient été installées par Louis XIV à Versailles; puis cette collection s'enrichit de celle du Stathouder de Hollande, dont Pichegru s'était emparé en 1795, et de celle des Condé qui était à Chantilly, et par la suite d'illustres savants s'expatrient pour enrichir le Muséum. Il est impossible de citer ici les noms des maîtres qui se sont succédés dans les chaires du Muséum depuis sa création, ce serait, comme le dit A. Vitu, dresser l'inventaire des gloires scientifiques de la France. Le Jardin des Plantes fut bombardé dans la nuit du 8 au 9 janvier 1871 par les Prussiens.

La Brosse, qui fut le premier intendant de 1635 à 1641, mourut dans le vieux château de la rue du Jardin-du-Roi et fut enterré dans le jardin, ainsi que le voyageur Jacquemont et Daubenton dont le monument funéraire, œuvre de Godin, consiste en une colonne de granit qui se trouve dans le labyrinthe. En 1907, on a inauguré dans le jardin une statue de Bernardin de St-Pierre, œuvre du sculpteur Holweck (1905) en vertu d'une donation faite au Muséum par feu M. Eugène

Potron. La statue de Chevreul (1786-1889) est du seulpteur Fayet. Celle de Lamarck a été inaugurée en 1909.

Parmi les édifices qui se trouvent dans le Jardin des Plantes, nous citerons, du côté de la rue Buffon, les galeries de géologie, de minéralogie et de botanique, qui occupent un vaste édifice avec deux portiques d'ordre dorique, à frontons sculptés par Lecorne. Le pavillon ouest de ce bâtiment contient la bibliothèque qui possède 200 000 volumes et une précieuse collection des vélins ou dessins d'histoire naturelle. La bibliothèque de Charles Bonaparte, prince de Canino, forme un fonds à part. Du côté de la rue Buffon se trouvent encore : le pavillon Georges Ville, qui contient des collections de physique végétale, et les nouvelles galeries d'anatomie comparée, de paléontologie et d'anthropologie, inaugurées en 1898. Ces nouvelles galeries de l'architecte Dutert sont décorées sur les façades extérieures de quatre grands bas-reliefs en bronze par Barrias, Frémiet, Marqueste et Contant, de huit petits bas-reliefs en marbre et de différents bustes.

Au sud du Jardin, à l'extrémité de l'allée du centre qui est encadrée par une allée de tilleuls et une allée de marronniers se trouvent les nouvelles galeries de zoologie, dont la façade est ornée de médaillons de savants illustres et d'une statue de la Science. Dans le cabinet où se réunissent les professeurs se trouvent quelques reliques des grands savants (le chapeau de Cuvier, des meubles de Buffon, de Chevreul, des affiches anciennes, etc.). Nous citerons encore les serres, l'orangerie, l'amphithéâtre construit par Verniquet et retouché après son départ par son successeur Molinos, les maisons de Buffon, de Cuvier et le pavillon de la direction, dont nous parlerons au sujet de la rue Cuvier.

Rue Buffon (1785).

La partie du côté de la Seine a été percée sur l'emplacement d'une partie de l'ancien clos Patouillet. Nom en l'honneur du naturaliste et écrivain (1707-1788). Cette rue contenait des pavillons servant de logements aux employés du Jardin des Plantes : ce sont actuellement les annexes du jardin. La rue longe du côté impair ces annexes ; du côté pair elle longe les galeries de géologie, de botanique et de minéralogie et les nouvelles grandes galeries du Muséum d'histoire naturelle.

N° 8. Maison de Buffon. Hôtel dit de l'Intendance. Buffon y mourut en 1788.

N° 55. Laboratoire d'anatomie comparée et laboratoire colonial. Fut habité par le serrurier Mille, auteur des grilles du Jardin des Plantes, et par le Dʳ Esquirol.

N° 45 *bis*. Annexe du Jardin des Plantes ainsi qu'au 43.

N° 25. Enseigne peinte : Au Jardin des Plantes.

N° 7. Enseigne peinte assez jolie : Au Petit Normand.

Rue Cuvier.

Jadis rue Derrière-les-murs-de-St-Victor (1552), puis rue du Ponceau, rue de Seine-St-Victor, et rue Cuvier en 1838 en l'honneur du naturaliste (1769-1832). Les numéros pairs dépendaient de l'abbaye St-Victor et les numéros impairs appartenaient au séminaire des Nouveaux-Convertis, établissement fondé dans la Cité par le capucin Hyacinthe de Paris et transféré ici plus tard.

N° 20. Fontaine construite en 1840 par Vigouroux. (Le crocodile tourne sa tête d'une façon impossible.) La femme représentant l'Histoire naturelle est de Feuchères. Cette fontaine dite de Cuvier en a remplacé une autre de 1671 qui était duc probablement aux dessins du cavalier Bernin et qui se trouvait contre une tourelle de l'abbaye St-Victor. Cette tourelle, dite d'Alexandre, dans laquelle on enfermait les jeunes débauchés, fut démolie en 1889. Dans la cour du 20 se trouvent des arcades ogivales, vestiges de l'abbaye St-Victor.

N° **61.** Bâtiment provenant des Nouveaux-Convertis. Annexé au Jardin des Plantes en 1787. L. de Jussieu y habita en 1793 et y mourut en 1836. Chevreul y mourut en 1889. A côté, entre le 61 et le 57, se trouvait la chapelle des Nouveaux-Convertis.

N° **57.** En entrant par la voûte du 57 on voit immédiatement devant soi l'hôtel de Magny, orné d'un fronton triangulaire. C'était jadis l'hôtel de Jean Debray (1650). Reconstruit sur les plans de Bullet. L'abbé Le Pileur (1690). M. Chomel (1701). M. Voullous (1707). De Vauvray (1708). M. de Magny, conseiller d'État (1721). Annexé au Jardin des Plantes (1787). Lacépède, Daubenton, Fourcroy en 1809, année de sa mort, y habitèrent. Aujourd'hui pavillon de l'administration du Jardin des Plantes.

N° **12.** Bâtiment dépendant de la Faculté des sciences. (Enseignement préparatoire au certificat d'études physiques et naturelles.)

N° **47.** Le corridor qui s'allonge ici remplace la ruelle des Tondeurs où habita Fagon. En entrant par le 47 on arrive à la maison où habita et mourut Cuvier en 1832. Sur la façade de cette maison qui est située dans le Jardin des Plantes, près de la cour de la Baleine, se trouve un buste de Cuvier et un gnomon.

N° **45.** Hôtel du recteur de la Communauté des Nouveaux-Convertis, puis grand bureau des fiacres à la fin du XVIIIᵉ siècle. Annexé au Jardin des Plantes.

Rue Linné.

Date du XIᵉ siècle. Faisait partie jadis de la rue St-Victor et occupe l'emplacement de ce qu'on appelait le Champ des Oiseaux. Nom actuel en 1865 en l'honneur du botaniste (1707-1778).

Nᵒ **4.** Dans la cour restes d'arcades ogivales, vestiges de l'abbaye St-Vietor.

Nᵒ **9.** Restes de l'hôtel Montauban acquis en 1673 par Imbert Porlier, recteur de l'Hôpital général pour les religieuses Augustines de la congrégation de Notre-Dame qui achetèrent la propriété adjacente, dite le Champ des Oiseaux. (Voir la rue Lacépède.)

Nᵒ **14. Rue Guy-de-la-Brosse** (1834). Nom en l'honneur du premier intendant du Jardin Royal des Herbes médicinales (1586-1641).

Nᵒ **17.** Vieille maison.

Nᵒ **25.** Réservoir St-Victor.

Nᵒ **24.** Maison moderne de style Renaissance.

Nᵒ **33.** Fontaine dans la cour.

Nᵒ **37.** Vieille maison. (Fenêtres de l'entresol.)

Nᵒ **43.** Vieille maison.

Rue de Jussieu (1838).

Nom en l'honneur du botaniste Antoine-Laurent de Jussieu (1747-1836).

Nᵒ **4.** Entrée de la Halle aux Vins. En face se trouve la **place Jussieu** (1838) qui s'est appelée place St-Victor jusqu'en 1867.

Nᵒ **25.** Bâti sur l'emplacement de l'ancien cabaret du Buisson-Ardent du XVIIᵉ siècle. L'enseigne actuelle en pierre date de 1896 et remplace une vieille enseigne peinte qui a disparu. Les bâtiments de la cour sont anciens.

Nº **51**. Fut habité par l'empoisonneur Desrues qui fut brûlé en place de Grève en 1770.

Rue des Fossés-St-Bernard.

Tracée en 1660 sur l'enceinte de Philippe Auguste. A l'extrémité Sud de la rue, du côté de la rue des Écoles, se trouvait la porte St-Victor démolie en 1684. A l'autre extrémité de la rue du côté de la Seine se trouvait la porte St-Bernard démolie en 1670.

Nº **26**. Vieux puits dans la cour.

En face du 30 se trouvait jusqu'en 1845 l'hôtel de Bazancourt qui fut acquis en 1777 de Edme Du Bois, ancien marchand de bois, par le fermier général Delahaye. Cet hôtel devint une maison d'arrêt communément appelé : Hôtel des Haricots.

La Halle aux Vins, construite de 1808 à 1819, occupe l'emplacement d'une partie de l'ancienne abbaye de St-Victor. La première halle aux vins, qui datait de 1656, se trouvait à l'angle du quai St-Bernard et de la rue des Fossés-St-Bernard. Elle avait été créée par les sieurs Charamane et de Bans, maréchal de camp, qui avaient obtenu l'autorisation de Louis XIV à la condition qu'ils verseraient la moitié des bénéfices dans la caisse de l'Hôpital général.

L'entrepôt actuel a été agrandi en 1868 et divisé en sections par des rues qui ont pris le nom des grands crus de France (rues de Touraine, du Languedoc, de Bordeaux, de Champagne, de Graves, de la Côte-d'Or). Du côté de la Seine se trouve le Grand Préau et du côté de la rue de Jussieu le Préau des Eaux-de-Vie.

Quai St-Bernard.

Jadis Vieux-Chemin-d'Ivry. Doit son nom à la porte St-Bernard qui se trouvait au point où le pont Sully débouche sur le quai. Sous Louis XIV il y avait des bains célèbres au quai St-Bernard et on y allait voir les baignades des demi-mondaines de l'époque. Le quai est séparé par la ligne du chemin de fer d'Orléans du Port aux Vins qui se trouve en face de la Halle aux Vins, et du Port St-Bernard qui est en face du Jardin des Plantes.

Le **pont de Sully** a été construit de 1874 à 1876. A peu près en face du débouché de la rue Cuvier se trouve un petit bureau d'octroi portant la mention : Bureau des coches. C'était le lieu de stationnement des coches d'eau qui faisaient le service de Paris à Auxerre.

La **place Valhubert** date de 1806. Elle doit son nom au général tué à Austerlitz en 1805.

Le **pont d'Austerlitz** a été construit de 1804 à 1806 par l'ingénieur Lamandé, sur les dessins de Becquey-Beaupré. En 1815, les Alliés exigèrent que le nom de ce pont, qui rappelait un de leurs désastres, fût modifié ; le gouvernement accéda à cette demande, mais le peuple ne l'appela jamais pont du Jardin-du-Roi. Il a été élargi une première fois de 1854 à 1855 et une dernière fois de 1884 à 1885.

Boulevard de l'Hôpital.

(Côté pair de la partie comprise entre la place Valhubert et le boulevard St-Marcel.)

Ce boulevard a été ouvert en 1760 et doit son nom à l'hôpital général de la Salpêtrière. Achevé en 1768.

N° **6.** Enseigne de la Tour de Montlhéry.

N° **8. Passage Maurel** (nom de propriétaire).

N° **16. Rue Nicolas-Houël.** Voie nouvelle se terminant actuellement en impasse. Nom en 1903 en mémoire de l'apothicaire qui fonda, en 1576, une maison de charité chrétienne qui devint par la suite école de pharmacie (voir rue de l'Arbalète).

N° **38. Rue Poliveau.** S'appela rue des Cendrées en 1242, puis de Pont-Livaut à cause d'un pont sur la Bièvre, et en partie rue des Saussaies au xvIII^e siècle. Le nom actuel est une altération de Pont-Livaut. Jadis la rue s'étendait jusqu'à la Seine; elle a été coupée en deux tronçons par le percement du boulevard de l'Hôpital en 1768, puis en 1836 le tronçon qui aboutissait à la Seine, de l'autre côté du boulevard de l'Hôpital, a été supprimé par l'établissement du chemin de fer d'Orléans. Le 1 dépendait sous Louis XVI du jardin des Chevaliers de l'Arc. Au 35, porte assez curieuse avec deux marches en saillie. Au 45, vieille maison. En face, au coin de la rue Geoffroy-St-Hilaire, se trouvait une caserne sous le deuxième Empire.

Boulevard St-Marcel (côté pair.) (1857).

Le boulevard doit son nom à l'église St-Marcel qui fut bâtie au IXe siècle et qui fut reconstruite au XIe siècle. Le cimetière St-Marcel, qui était hors ville, fut l'un des premiers lieux d'inhumation des chrétiens de Lutèce. Il datait du IVe siècle et était antérieur à l'inhumation de St Marcel, neuvième évêque de Paris, et « bourgeois du Paradis », qui fut inhumé à l'endroit où s'éleva plus tard l'église collégiale. Ce cimetière St-Marcel avait succédé à un cimetière païen ainsi que le prouvent de nombreuses sépultures gallo-romaines retrouvées sur son emplacement.

Nº 34. Rue de l'Essai. S'appela rue Maquignonne au xviiᵉ siècle. Son nom lui vient de l'essai que l'on faisait dans cette rue, des chevaux à vendre au marché aux chevaux voisin.

Au 4, dans la cour, nous voyons sur un pavillon deux inscriptions sur marbre noir. Sur l'une, nous lisons : « G. Poitreau de Marcy-Amicis D. V. G. 1757 ». Cette maison a été donnée par le roi au sieur Desclozeaux. Nqël Makaus, écuyer de la duchesse de Berry. Jean Choquet. La famille Poitreau au commencement du xviiiᵉ siècle. Famille Marguerite depuis 1813. La propriété se trouve en communication avec les anciennes carrières. Vieux puits.

Nº **36.** Hôpital St-François.

Nº **58. Rue des Fossés-St-Marcel.** Date du xviiᵉ siècle. Doit son nom aux fossés qui entouraient le territoire St-Marcel. Elle s'appela rue d'Enfer et rue du Fer. Une partie de la rue de l'autre côté du boulevard St-Marcel est devenue la rue Lebrun. Depuis cette rue, jusqu'à la rue de la Collégiale, le boulevard St-Marcel a absorbé l'ancienne rue des Francs-Bourgeois-St-Marcel qui datait du xiiiᵉ siècle.

Nº 66. L'école communale et ses annexes occupent la majeure partie de l'ancien cimetière Ste-Catherine (1783 à 1820); qui était contigu au cimetière de Clamart. C'est dans ce cimetière Ste-Catherine que l'on inhumait entre autres les suppliciés. On y a retrouvé le sarcophage de Pichegru qui a été transporté à Carnavalet.

Nᵒˢ **82, 84, 86.** Occupent l'emplacement de la cour du Cloître de la Collégiale ainsi qu'en face les maisons numérotées 53-55 sur le boulevard St-Marcel. Le 86 est sur l'emplacement d'un cimetière mérovingien.

Nᵒ **86. Rue de la Collégiale** (1856). Sur l'emplacement de l'ancien bailliage des chanoines St-Marcel. L'église St-Martin, construite en 1158 et démolie en 1790, occupait l'emplacement des 1, 2, 3, 4 de la rue de la Collégiale. Cette église St-Martin s'élevait en bordure de la place de la Collégiale, où aboutissait la rue des Francs-Bourgeois, et qui séparait l'église St-Martin de l'église St-Marcel. Sur cette ancienne place de la Collégiale qui a été absorbée par le boulevard St-Marcel se trouvait jadis une chapelle dédiée à St Clément où s'est tenu le premier concile de Paris en 360. Cette chapelle se trouvait vers la partie sud de la place entre le boulevard St-Marcel et la rue de la Reine-Blanche, près de la rue actuelle Michel-Peter (XIIIᵉ arrondissement).

Au 23 de la rue de la Collégiale se trouve la **rue du Petit-Moine** du XVIᵉ siècle qui doit son nom à une enseigne. Elle faisait partie jadis du champ des sépultures des églises St-Martin et St-Marcel. Au 12 de la rue de la Collégiale se trouve la Boulangerie des Hôpitaux (voir rue Scipion). Au 10, s'ouvre la **rue Vesale** qui faisait partie jadis de la rue du Petit-Moine et qui doit son nom actuel à André Vesale (1514-1564), célèbre anatomiste belge, qui fut le créateur de la science anatomique.

Avenue des Gobelins.

(Partie comprise entre le boulevard St-Marcel
et la rue Monge.)

Faisait partie de l'ancienne rue Mouffetard, et cette partie de la rue Mouffetard s'appelait rue de la Boucherie-de-St-Marcel, à cause de la boucherie qui se trouvait sur l'emplacement du 1 actuel de l'avenue.

N° **16**. On a retrouvé ici, ainsi qu'au 14, des sarcophages chrétiens de l'époque romaine.

N° **12** *bis*. Emplacement d'un cimetière gallo-romain et mérovingien.

N° **11**. On y a découvert, en 1897, 29 sarcophages gallo-romains et mérovingiens.

N° **2**. **Rue de Valence**. Cette rue, ancien passage modifié en 1844, doit son nom à un hôtel dit de Valence qui se trouvait rue Mouffetard. Au 7, vieille maison. Au 11, vieille grille et enseigne de l'Agneau Pascal.

Dans le prolongement de l'avenue des Gobelins se trouve la **rue de Bazeilles** qui faisait partie jadis de la rue Mouffetard et qui a reçu son nom actuel en 1897 en souvenir du combat livré près de Sedan en 1870.

Rue Mouffetard.

C'était au XIIIe siècle un chemin traversant un territoire nommé Mont Cétarius. Le nom de Mouffetard dérive de Mont Cétarius (?) ou du mot « mouffettes », exhalaisons de la Bièvre. Avant la construction de l'avenue des Gobelins, la rue s'étendait jusqu'à la place d'Italie; elle se termine actuellement à la rue Censier. Presque toutes les maisons de la rue Mouffetard sont anciennes et curieuses. Elles possèdent presque toutes des boutiques. La rue est toujours très animée, et c'est une des plus curieuses de Paris comme mouvement. Le peintre A. Vestier habita la rue.

N° **146**. **Rue Pascal** (1827). Cette rue qui doit son nom au philosophe (1628-1662) ne compte dans le Ve arrondissement que pour la partie comprise entre la rue Mouffetard et le boulevard de Port-Royal, partie qui n'offre rien d'intéressant.

N° **142. Rue Broca.** (Partie comprise entre la rue Mouffetard et le boulevard de Port-Royal.) Cette rue qui existait au xiie siècle s'appela, comme le rappelle une inscription placée sur le 2, par la Commission du Vieux Paris : rue de Lourcine. Ce n'est qu'en 1890 qu'elle a reçu son nom actuel en l'honneur du chirurgien (1824-1880). Le percement de la rue Claude-Bernard a fait disparaître du côté impair l'église Ste-Valère. Du côté impair du 3 au 17 se trouvaient jadis les bâtiments de l'Hôtel-Dieu des Patriarches. Ces bâtiments s'étendaient jusqu'à la Bièvre. C'est là que Nicolas Houël établit, en 1578, une école de jeunes apothicaires qui prit le nom d'Hôpital de la Charité chrétienne. Nicolas Houël fit reconstruire la chapelle Ste-Valère et acheta en face de l'hôpital un vaste jardin qui devint le jardin des jeunes apothicaires, jardin dont nous parlons rue de l'Arbalète. Entre la rue Claude-Bernard et le boulevard de Port-Royal, la rue Broca a conservé un cachet des plus pittoresques et nous y voyons de vieilles et curieuses maisons. Il faut jeter un coup d'œil sur le 25, sur le 29 où se trouve une cour curieuse au bout du couloir d'entrée, sur le 31, le 33, sur le vieux puits qui est au 36, sur les 35, 41, 44, etc.

* N° **141.** L'église St-Médard a été construite au xiie siècle. Elle fut saccagée par les protestants en 1561. (Tumulte de St-Médard.) Réparée à cette époque et en 1784. L'église St-Médard appartenait jadis à l'abbaye Ste-Geneviève ; puis elle fut incorporée au diocèse de Paris, et devint paroisse en 1655. Elle fut fermée à la Révolution, et devint le Temple du Travail. Le culte y fut toutefois célébré clandestinement. Elle fut administrée par Roger, évêque constitutionnel de l'Aisne. Le Presbytère de Paris y tint ses séances. Tout en étant en

la possession du clergé constitutionnel, l'église fut
affectée au culte des Théophilanthropes, et ce fut la
première église de Paris réouverte au culte. La chapelle
de la Vierge, derrière le chœur, fut connue depuis le
xive siècle sous le nom de N.-D. de Reilhac (1380). Elle
avait été fondée par Clément de Reilhac, avocat du roi.
On y chantait 157 messes par an pour la famille de
Reilhac et les chapelains ont subsisté jusqu'en 1790.
Dans une chapelle se trouve une Ste Geneviève par
Watteau, et dans une autre des peintures de Philippe
de Champaigne. Le buffet d'orgue est du célèbre facteur
Cliquot (1767). Olivier Patru fut enterré à St-Médard
devant la chapelle de la Vierge.

Le célèbre cimetière de St-Médard était attenant à
l'église. Le diacre Pâris en 1731, le janséniste Nicole,
l'abbé Duguet, furent enterrés dans la partie du cimetière qui se trouvait dans l'axe du chevet de l'église,
partie qui a été remplacée d'abord par une petite cour et
récemment par la chapelle des Catéchismes qui donne
rue de Candolle. On sait que le tombeau du diacre Pâris
fut le théâtre des extases des convulsionnaires jansénistes : mais il y eut là des miracles authentiques et des
guérisons inespérées. Le cimetière fut fermé en 1732
par ordre du Roi et un plaisant écrivit sur la porte :
« De par le roi, défense à Dieu, de faire miracle en ce
lieu ». Le cimetière fut vendu en 1798 et adjugé au
citoyen Hauriot, serrurier. Le tombeau du diacre fut
bouleversé et violé en 1807 par le curé Berthier, et les
ossements mis à la fosse commune. Une partie du cimetière est devenue square St-Médard en 1875. Le vieux
bâtiment qui s'y trouve est la sacristie.

Nº **122**. Enseigne de la Bonne-Source.

Nº **116**. Là se trouvait, avant 1906, une curieuse

grille de l'époque Louis XIV. (Petits personnages sculptés.)

N° **115**. Ici se trouvait jadis l'entrée en couloir de l'ancienne maison des Patriarches.

N° **108**. Cour curieuse. Ancienne vacherie.

N° **99**. Entrée du curieux Passage des Patriarches. (Voir rue des Patriarches.)

N° **81**. Fut sans doute une chapelle au xviie siècle.

N° **86**. Grille : Au Lion d'Or.

N° **69**. Enseigne du Vieux-Chêne. Ancien bal du Vieux-Chêne fermé en 1882. Club révolutionnaire en 1848. Lavoir.

N° **61**. Emplacement de l'ancien petit séjour d'Orléans du temps du duc d'Orléans, frère de Charles VI. Couvent des Filles de la Miséricorde (1653). La veuve de Scarron se retira quelque temps dans ce couvent qui fut agrandi par M. d'Argenson, lieutenant de police. Caserne Mouffetard bâtie sous la Restauration par Rohault de Fleury et occupée aujourd'hui par la Garde républicaine.

N° **59**. **Rue Ortolan** (1884). Nom en mémoire du jurisconsulte Elzéar Ortolan (1802-1873).

N° **60**. Fontaine monumentale de 1671.

N° **58**. **Rue du Pot-de-Fer**. S'appela ruelle des Prêtres en 1550. Son nom actuel lui vient d'une enseigne qui existait au xvie siècle. Toutes les maisons sont anciennes. Au 24, inscription ancienne du nom de la rue.

N° **52**. Pierres tombales dans le fond du couloir d'entrée.

N° **45**. Petite niche grillée.

N° **41**. **Rue St-Médard**, jadis rue d'Ablon. S'appela rue Neuve-St-Médard en 1600. La rue possède de vieilles et curieuses maisons comme les : 20, 18, 16, 12, 10, 8, 11, etc. Au 13, madone dans une niche grillée.

N° **36.** Vieux puits dans la cour.

N° **14.** Enseigne moderne du Nègre Joyeux.

N° **9.** Emplacement de la porte St-Marcel, démolie en 1675 par l'ordre du prévôt des marchands et échevins ainsi que le rappelle une inscription ancienne placée sous verre.

N° **6.** Ancienne boucherie avec deux bœufs comme enseigne.

N° **2.** Vieille maison.

N° **19. Place de la Contrescarpe** formée en 1853 au détriment de la rue Blainville. Au 1 de cette place une inscription en lettres gothiques nous rappelle que là se trouvait le cabaret de la Pomme-de-Pin, illustré par la pléiade de Ronsard et vanté par Rabelais.

Rue Blainville.

Rue Contrescarpe-St-Marcel en 1650. Nom actuel en 1865 en mémoire du naturaliste Ducrotoy de Blainville (1777-1850).

N° **1.** Curieuse et ancienne maison.

N° **9.** Maison à huit étages qui fut filature sous l'Empire.

N° **11.** Maison à façade percée d'une petite niche. Faisait partie de la caserne des Gardes françaises de la rue Tournefort.

Rue Tournefort.

Jadis rue Neuve-Ste-Geneviève parce qu'elle fut ouverte sur le clos Ste-Geneviève. Nom actuel en 1864 en l'honneur du botaniste (1656-1708). Mérimée habitait le 25 en 1820.

N° **1**. Magasin d'habillement des soldats en 1795.

N^{os} **7-9-11**. Ancienne caserne de Gardes françaises de 1775 à la Révolution. En face se trouvait le jeu de paume de la Mort-qui-Trompe qui en 1643 devint le tripot de la Grande-Roche.

N° **17**. Restes misérables d'un hôtel, dit de Bon-Air, où habita Charlotte de Brancas, princesse d'Harcourt (1730).

N° **12. Rue Amyot** qui s'appelait en 1588 rue du Puits-qui-parle, à cause d'un puits aujourd'hui bouché dont on voit encore les vestiges au 10, dans les caves de l'École professionnelle de l'assistance aux malades. Ce puits était célèbre par son écho et de là le nom du Puits-qui-parle. La rue doit son nom actuel à l'écrivain, aumônier de Charles IX et évêque d'Auxerre (1513-1593). Au 7, petit pavillon ancien.

Au 10 de la rue Amyot s'ouvre la **Rue Laromiguière**, qui s'est appelée rue du Châtaignier pendant la Ligue et rue du Mûrier pendant la Fronde, puis rue des Poules. Elle a reçu en 1867 son nom actuel en mémoire de Pierre Laromiguière, professeur de philosophie (1756-1837). Au 10, petit hôpital Alphen Salvador. La rue Laromiguère et la rue Amyot sont sur l'emplacement d'un ancien cimetière de protestants.

N° **19**. Ici se trouvait avant 1904 une œuvre évangélique avec chapelle luthérienne. C'est aujourd'hui le patronage catholique de Ste-Mélanie pour le placement des apprentis. Ce patronage était, avant 1904, au 59 de la rue Lhomond.

N° **16**. Ancien couvent des Bénédictines. Occupé actuellement par des locataires.

N° **18**. Marquise de Vaugremont sous Louis XIV. Étienne de Hutteaux, maréchal de camp (1737). L'abbé Grisel (1753). La communauté de Ste-Aure (1765). Cette communauté avait été fondée sous le nom de Filles de Ste-Théodore, rue des Poules, par l'abbé Gardeau, curé de St-Étienne-du-Mont, et fut transférée ici ensuite sous le nom de communauté de Ste-Anre, à cause d'une chapelle de ce nom qui y fut bénite en 1700. Les religieuses furent transformées en Augustines par le Dauphin, père de Louis XVI, et l'abbé Grisel, une des futures victimes des massacres du séminaire de St-Firmin, en fut nommé directeur. Mme Du Barry, alors Jeanne Vaubernier, y fut pensionnaire. Le couvent s'étendait jusqu'au 29 de la rue des Postes. Il fut vendu nationalement en 1795, puis il fut occupé jusqu'en 1903 par les Dames du St-Sacrement qui, avant la Révolution, étaient rue de Turenne.

N° **20**. Inscription ancienne : Rue Neuve-Geneviève. Le mot « Sainte » a été gratté pendant la Révolution. Sur la même maison, inscription : Rue du Pot-de-fer.

N° **22**. Maison jadis à l'image de St Claude. Lagan, écuyer (1755).

N° **24**. Hôtel jadis à l'image de la Rivière. Hôtel Boylève de Chambellan (1777). Vieux puits dans la cour.

N° **33**. École communale. Enseignement manuel.

N° **39**. Ancien couvent des Dames de la Miséricorde. Aujourd'hui maison d'éducation pour jeunes filles.

Rue Lhomond.

Au xvie siècle c'était le clos des Poteries et des Pots. Par altération de Pots, on a dit rue des Postes jusqu'en 1867. Nom actuel en l'honneur du grammairien (1727-

1794). On a retrouvé dans les fouilles occasionnées par la construction de nouveaux bâtiments de l'école Ste-Geneviève, plusieurs fours et des débris de poteries anciennes. Oudry habita la rue.

N° 1. Emplacement de l'ancien jeu de paume, dit du Grand-Braque au xvie siècle.

N° 2. Ancienne pension tenue jadis par le père de V. Sardou. Institution Royer fondée en 1842.

N° 6. Là se trouvait la maison de correction du couvent des dames de St-Michel (1819), puis les Sœurs de St-Joseph de Cluny. Démoli en 1906.

N° 7. Cour curieuse.

N° 9. **Rue des Irlandais.** — S'appelait rue du Cheval-Vert en 1602. Nom actuel en 1807 à cause du collège des Irlandais qui s'ouvre au 5. Ce collège a été fondé en 1755 pour les écoliers et les prêtres irlandais, écossais ou anglais. A l'angle de la rue Lhomond inscriptions anciennes : Rue du Cheval-Vert, et sur le même immeuble : Rue des Postes.

N° 10. Ancien hôtel de Flavacourt au xviiie siècle. Séquestré à la Révolution. Institution Delamotte. Fut habité par Michelet en 1839. Englobé, en 1854, dans l'école Ste-Geneviève qui s'étend du 10 au 28. Louis XV fréquenta à l'hôtel de Flavacourt, et le principal corps de logis, au-dessus de la menuiserie de l'école, garde un salon dit du Roi.

N° 18. Entrée au xviiie siècle des communs de l'ancien hôtel de Juigné, qui était la demeure familiale de l'archevêque de Paris avant 1789. Aujourd'hui entrée principale de l'école Ste-Geneviève. Cette école préparatoire a été fondée en 1854, à la suite de la loi Falloux, par les Jésuites qui la dirigèrent de 1854 à 1880. De 1880 à 1900 la direction fut mixte, séculière et religieuse, depuis 1901 elle est laïque et séculière. Depuis 1880 l'école Ste-Geneviève est la propriété de la Société anonyme des écoles préparatoires qui a acheté les anciens bâtiments et en a construit de nouveaux. En 1907 on a adjoint à l'école un Institut économique (industriel, commercial et financier). La chapelle a été construite en 1893. Dans la cour d'entrée se trouvent des plaques de marbre avec l'inscription des anciens élèves morts au champ d'honneur.

En 1870 l'école fut transformée en ambulances. En 1871, les fédérés cernèrent la maison et s'emparèrent de plusieurs Jésuites. Le père Ducoudray, dont le monument est dans la chapelle, et le père Alexis Clerc, ancien officier de marine, furent fusillés à Mazas; les pères Caubert et de Bengy furent exécutés rue Haxo. Les bâtiments furent occupés par les Communards, puis par les troupes de Versailles.

N° 22. Ancien couvent des Eudistes fondé par Jean-Eudes, frère de l'historien Eudes de Mezeray. Fut habité par l'abbé Edgeworth. Séquestré à la Révolution. Acheté après 1820 par les Visitandines qui l'agrandirent. Fait partie de l'école Ste-Geneviève. L'ancien cloître des Visitandines a été transformé en couloir.

N° 26. Ancien séminaire des Anglais fondé sous Louis XIV. Ne fut pas séquestré à la Révolution et fut restitué à la procure de St-Sulpice. Fait partie de l'école Ste-Geneviève.

N° 28. L'École normale qui avait été fondée en 1795, après avoir été au Muséum y fonctionna sous le nom de Pensionnat Normal depuis l'Empire jusqu'en 1822. Était occupé dernièrement par les Jésuites. Loué aujourd'hui par M. l'abbé Lemire.

* N° 29. Ancienne communauté de Ste-Aure. Les reli-

gieuses de l'Immaculée-Conception depuis 1854. Aujourd'hui institution Lhomond (laïque). Voir la très jolie façade du xvIIIᵉ siècle qui donne sur la cour. Très beau balcon orné de jolies ferrures que l'on peut apercevoir du 7 de la rue Amyot.

* **N° 30.** Ancienne propriété des Montgirault sous Louis XIV. Séminaire, dit du St-Esprit, fondé par Poulart-Desplaces, jeune prêtre breton, avec les libéralités du duc d'Orléans, de Mmes de Chevreuse, de Lévis, etc. (1731). Chalgrin construisit la belle chapelle des Spiritins et ce fut M. de Sartines, ministre de la Marine, qui en posa la première pierre en 1769. Le très beau fronton est de Durèt. Le séminaire fut supprimé à la Révolution, Michel Chasles, prêtre régicide marié, et père de Philarète Chasles le littérateur, acquit les bâtiments et tenta sans succès d'y fonder une maison d'éducation. Le séminaire fut rétabli en 1805 et devint hôpital militaire pendant le choléra de 1832. C'est aujourd'hui le séminaire des Missions des colonies françaises et la maison mère de la congrégation du St-Esprit et du Sacré-Cœur-de-Marie. (Voir la chapelle, l'escalier, etc.)

N° 32. Rue Rataud. S'appelait impasse des Vignes en 1603 et conduisait jadis à un cimetière de pestiférés ; puis rue des Vignes, puis elle redevint cul-de-sac, puis passage des Vignes, et enfin prit son nom actuel en 1877 en souvenir d'un ancien maire de l'arrondissement. Au 3 se trouve la maison de l'Enfant-Jésus (Maison des orphelines), jadis les Cent-Filles, tenue par les religieuses de St-Thomas-de-Villeneuve (1712). C'est là que la duchesse d'Angoulême faisait élever avant 1834, cinquante jeunes pensionnaires au prix de 1000 francs chacune. En face de l'Enfant-Jésus se trouvait la communauté de St-Siméon-Salut, qui était un refuge pour femmes aliénées (1690-1781). Les grands jardins que l'on aperçoit à l'extrémité de la rue Rataud sont ceux de l'École normale.

Nº **35**. Inscription ancienne : Rue des Postes.

Nº **42**. Ici s'élevait le prieuré perpétuel des Bénédictines de la Présentation de Notre-Dame, qui avait été fondé en 1649 par Marie Courtin, veuve du sieur de Carouge, et avec l'autorisation de M. de Gondi, archevêque de Paris. L'église de ce couvent fut construite grâce à une loterie autorisée par Louis XIV. Sur cet emplacement s'éleva en 1822 le collège Rollin (transporté actuellement 12, avenue Trudaine), collège qui compta ici parmi ses élèves : Montalembert, F. Ravaisson, Beulé, les frères Ste-Claire-Deville, H. de Pène, etc. Aujourd'hui École municipale de physique et de chimie. (Laboratoires.) On construisit en 1909 des nouveaux bâtiments.

L'ancien collège Rollin occupait également l'emplacement d'un autre monastère, celui des Augustines de Notre-Dame de la Charité. L'œuvre de Notre-Dame de la Charité, purement laïque d'abord, avait été créée en 1641 à Caen par l'oratorien Eudes, fondateur des Eudistes. Le but de l'œuvre était de recueillir des jeunes filles déchues gardées par des femmes pieuses qui furent remplacées en 1642 par les religieuses de la Visitation de Ste-Marie. Ce nouvel institut, approuvé par le pape Alexandre VII en 1666, se développa en province, mais ce n'est qu'en 1720 que quatre religieuses du nouvel ordre vinrent à Paris pour desservir les Madelonnettes. Le premier monastère parisien de Notre-Dame de la Charité ou des Dames de St-Michel, fut autorisé par lettres patentes de 1724 et fut établi ici, rue des Postes, en face du débouché de la rue Tournefort, sur un terrain acheté par le cardinal de Noailles et Mlle de Chausserais.

Il y avait un bâtiment spécial séparé de celui des religieuses et destiné aux filles pénitentes. On y enfermait par lettres de cachet demandées par les pères de famille ou les maris jaloux, et c'est ainsi que furent emprisonnées ici Mmes de Chambonnas, de Falkenstein, de Mirabeau, etc. Le couvent devint bien national à la Révolution : il tombait en ruines à cette époque et c'est pourquoi sans doute il ne continua pas à être une maison de détention comme il l'avait été sous la monarchie. Il fut vendu en l'an VI au citoyen Prévost, puis au citoyen Roussel en l'an IX. Nous verrons ailleurs (193, rue St-Jacques) que les religieuses de Notre-Dame de la Charité ou religieuses de St-Michel ne reprirent pas possession après la Révolution de leur ancien couvent, mais achetèrent l'ancien couvent des Visitandines de la rue St-Jacques. Le monastère de la rue des Postes fut coupé en diagonale en 1850 par le percement de la rue Vauquelin; toutefois la façade qui s'étendait du 48 au 54 actuel de la rue Lhomond ne fut pas touchée alors. Cette façade a été remplacée depuis par des maisons modernes, dont les caves sont, paraît-il, celles de l'ancien monastère.

N° **48. Rue Vauquelin** (1860). Nom en 1864 en l'honneur du chimiste (1764-1829). On trace en 1909 une rue nouvelle qui s'étendra, à travers l'emplacement de l'ancien collège Rollin, du 2 de la rue Vauquelin jusqu'à la rue Rataud. Cette rue, qui portera le nom de **rue Courcelle-Seneuil** en mémoire de l'économiste français (1813-1899), devra plus tard commencer rue de Mirbel pour finir rue de l'Abbé-de-l'Épée.

Au 10 de la rue Vauquelin se trouve l'École municipale de physique et de chimie industrielles. Au 11 *bis*, s'ouvre la **rue Lagarde**, rue nouvelle qui possède, au 7, le **square Lagarde**.

N° **48**. Du 48 au 54 s'étendait la façade du monastère de Notre-Dame de la Charité. Au 52 habite M. Boverie, statuaire.

N° **51**. Manège du Panthéon.

N° **55**. **Passage des Postes** (1830). Fermé par une grille.

N° **56**. École Vauquelin. (Institution de hautes études pour jeunes filles et jeunes gens.)

Rue de l'Arbalète.

La partie située à l'est de la rue Mouffetard s'appela cul-de-sac des Patriarches; la partie entre les rues Mouffetard et Berthollet était la rue de la Porte-de-l'Arbalète au xive siècle. Les archers y avaient déjà leur jardin sous Louis le Gros. Rue de Larbaleste au xviie siècle; rue de l'Arbalète au xviiie.

N^{os} **9 à 21**. Aujourd'hui Institut agronomique fondé en 1849. Sur cet emplacement se trouvait jadis le jardin des Apothicaires. Nicolas Houël, qui avait fondé en 1578 l'hôpital de la Charité-Chrétienne dans les anciens bâtiments de l'Hôtel-Dieu des Patriarches, situé rue de Lourcine (rue Broca), avait acheté en face de l'hôpital un vaste jardin qui s'étendait entre les rues Broca et de l'Arbalète, jardin dit des Apothicaires où on cultivait des herbes médicinales. Ce jardin devint École de pharmacie (1627), puis École supérieure de pharmacie de 1804 jusqu'à son transfert au 4 de l'avenue de l'Observatoire. Avant le percement de la rue Claude-Bernard, l'École de pharmacie occupait les bâtiments et les dépendances de l'Institut agronomique (9 à 21 de la rue de l'Arbalète), du laboratoire de médecine (15-19, rue Claude-Bernard), et les immeubles de la rue Broca portant les numéros 8 et 10. L'amphithéâtre a été construit en 1841.

N° **16**. Emplacement d'un cimetière de l'époque gallo-romaine (fouilles de 1883).

Le percement de la rue Claude-Bernard a fait disparaître du côté des chiffres impairs une belle maison qui datait de Louis XIV et qui avait été construite sur l'emplacement de l'ancienne maison de campagne des Genovéfains.

N° **39**. Emplacement de l'ancien couvent des Filles du Silence ou de la Trappe, dites Filles de Ste-Agathe (1700 à 1753). M. de Montchablon, maître de pension, acheta la maison en 1755. Les dames de Port-Royal s'y établirent ensuite pour peu de temps, puis ce fut une maison de refuge pour les bonnes sans place, tenue par les Sœurs de la Croix.

N° **40**. Du 28 au 40 s'étendait le couvent des Filles de la Providence qui avait été fondé en 1643 par Maria Lumagne. Ce couvent était séparé du Val-de-Grâce par la ruelle des Marionnettes qui était un coupe-gorge, que les religieuses firent fermer en obtenant de Louis XVI la permission de s'arrondir de ce côté. Le couvent qui recueillait des jeunes filles séduites fut supprimé à la Révolution et les bâtiments furent vendus en 1797 à M. Laffon de Ladébat, membre du Conseil des Cinq-Cents, qui recéda à Roussel, un des directeurs du Trésor public. La chapelle où St Vincent de Paul avait, dit-on, dit sa première messe fut transformée en fabrique de coton sous le second Empire, puis en raffinerie de sucre.

Rue Claude-Bernard (1859.)

Nom en l'honneur du physiologiste (1813-1878). Par son passage à travers la rue Broca elle a détruit l'église Ste-Valère.

No 12. Laboratoire de médecine. Annexe du Collège de France.

No 31. Vieille maison. (Mascaron.)

No 16. Institut agronomique. (Voir rue de l'Arbalète.)

No 60. École consistoriale israélite Gustave-de-Rotschild.

No 45. **Rue Berthollet** (1850). Cette rue a été dénommée en 1864 en l'honneur du chimiste (1748-1822). Elle a absorbé dans sa partie sud l'ancienne rue des Charbonniers-St-Marcel qui datait de 1540.

Au 19 de la rue Berthollet se trouve la **rue des Lyonnais** qui fut ouverte en 1543 et qui doit son nom à un nommé Jean Lyonnet qui était propriétaire au faubourg St-Marcel. Cette petite rue est curieuse et nous voyons des vieilles maisons aux 15, 11, 18, 1, etc.

No 63. Habité par M. H. Poincaré, mathématicien et membre de l'Académie française.

Rue d'Ulm (1807).

La rue a été ouverte sur l'ancien cul-de-sac de la Corne devenu rue de la Poterie. Nom en souvenir de la capitulation d'Ulm (1805).

No 43. École normale construite en 1847, par l'architecte A. de Gisors, sur l'ancien enclos dit de St-Joseph. Sur le mur une inscription placée en 1894 nous rappelle que Pasteur eut son premier laboratoire dans les greniers de l'École normale (1864 à 1888).

L'École normale fut fondée par décret de la Convention en 1795 : elle a été réorganisée par le décret impérial de 1808 et par la loi de 1841. Elle s'installa d'abord au Muséum, puis au 28 actuel de la rue Lhomond.

Abolie en 1822, elle fut remplacée par [une école préparatoire logée dans les combles de Louis-le-Grand. C'est
M. de Salvandy qui l'a installée en 1847 dans les bâtiments actuels.

Nº 42. Rue Louis-Thuillier. Faisait partie de la
rue des Ursulines ouverte en 1807. En 1883 la partie
entre la rue d'Ulm et la rue Gay-Lussac a pris le nom
de Louis-Thuillier en souvenir d'un jeune savant mort
en 1883 du choléra qu'il était allé étudier en mission en
Égypte. Le 10 est un reste de l'ancien couvent des
Ursulines sur lequel ont été ouvertes la rue des Ursulines et une partie de la rue Gay-Lussac.

Nº 36. Couvent des Dames de l'Adoration réparatrice du Cœur de Jésus. Chapelle.

En face de ce couvent se trouvent les bâtiments de
l'école Ste-Geneviève de la rue Lhomond. Depuis le
couvent des Dames de l'Adoration réparatrice, le reste
du côté pair de la rue d'Ulm jusqu'à la rue Lhomond
était occupé avant 1906 par les vastes jardins du couvent des Dames de St-Michel. (Ancien couvent de la
Visitation de la rue St-Jacques.)

Nº 3. Dépendance de la Faculté des Sciences.

Rue des Fossés-St-Jacques.

Date du xviiᵉ siècle. A l'endroit où cette rue se joint
à la rue de l'Estrapade (place de l'Estrapade) se trouvait
la porte papale de l'abbaye Ste-Geneviève démolie au
commencement du xviiᵉ siècle.

Nº 17. Rue Clotaire (1832). Nom en mémoire du
quatrième fils de Clovis (497-558).

Nº 13. Mme de Plane à la fin du xviiiᵉ siècle.
Charles X l'acheta pour y placer des missionnaires.

Acquis par la Ville lors de la révolution de Juillet. Bibliothèque municipale. Bel escalier.

N° **5**. Vieille maison.

N° **3**. Escalier en bois de l'époque Louis XIII.

N° **2**. Grille et enseigne : Au Port Salut.

Rue St-Jacques.

La rue St-Jacques, une des plus anciennes et des plus intéressantes de Paris occupe l'emplacement de l'ancienne voie romaine de Lutèce à Orléans (Via superior). Elle s'appela primitivement Grand'Rue ou rue St-Benoît. La partie située au nord de la rue des Écoles s'appelait Grant-Rue-oultre-Petit-Pont. Elle doit son nom à la chapelle St-Jacques fondée par 7 frères prêcheurs en 1217, chapelle qui fut le berceau au XIIIe siècle des Dominicains. L'aqueduc d'Arcueil qui amenait les eaux du Rungis au palais des Thermes suivait la direction de la rue St-Jacques et on en a retrouvé différents vestiges le long de cette voie.

N° **5**. Cette maison possède deux étages de caves très anciennes.

N° **13**. Vieille maison ainsi qu'au 17 et au 23.

N° **21**. Dans la cour, intéressante maison Louis XVI.

N° **33**. Emplacement de la chapelle St-Yves qui était la propriété d'une confrérie de gens de basoche. Cette chapelle était située du côté impair de la rue St-Jacques à l'angle nord de l'ancienne rue des Noyers. Elle a disparu lors du percement du boulevard St-Germain : elle datait du XIVe siècle. Le boulevard St-Germain a fait disparaître également rue St-Jacques l'hôtel Bignon qui avait appartenu à une famille de magistrats.

N° **65**. Façade curieuse d'un peintre décorateur.

Nº **67**. Joli balcon.

Nº **40** *bis*. Pâtisserie à l'enseigne du Puits Certain qui rappelle le puits dont nous parlons rue de Lanneau.

Nº **77**. Cour assez curieuse.

Après avoir traversé la rue des Écoles, la rue St-Jacques longe, du côté impair, la jolie façade ouest du Collège de France et du côté pair la façade est de la Sorbonne. Nous avons vu ailleurs, en parlant de la Sorbonne, que sur l'emplacement de l'angle formé par la Sorbonne avec la rue des Écoles se trouvait l'église St-Benoist-le-Bétourné, qui s'étendait aussi en partie sur l'emplacement du sol de la rue des Écoles.

Nº **123**. Lycée Louis-le-Grand, fondé en 1550 sous le nom de collège de Clermont par Guillaume Duprat, évêque de Clermont. Ce fut le berceau de la Compagnie de Jésus. Les Jésuites chassés de France après l'attentat de Jean Châtel n'y rentrèrent qu'en 1618.

En 1682, le collège de Clermont fut érigé en fondation royale sous le nom de Louis-le-Grand et en 1763 il devint le siège de l'Université. Il s'adjoignait les différents collèges d'Arras, d'Autun, de Cornouailles, de Damville, des Cholets, etc., qui ne pouvaient plus garder leurs boursiers. Le collège de Dormans-Beauvais s'y transféra en 1764.

La partie nord du lycée comprise entre les rues St-Jacques, du Cimetière-St-Benoit et l'impasse Chartière occupe l'emplacement de l'ancien collège du Plessis, qui était très important par son étendue. Ce collège du Plessis, qui était contigu au collège de Clermont, avait été fondé en 1316 par Geoffroy du Plessis, abbé de Montmartre. Il reçut plus tard en 1627 les écoliers du collège de Calvi, collège qui venait d'être détruit par la construction de la Sorbonne. C'était un collège de plein exercice qui comptait en 1787 environ 800 élèves. Maison d'arrêt pendant la Révolution. St-Huringe y fut enfermé, dit-on. On y installa provisoirement ensuite la Faculté de théologie et l'École normale, puis il fut réuni à Louis-le-Grand.

Le lycée Louis-le-Grand a été reconstruit de 1814 à 1820, restauré de 1861 à 1885 et réédifié par M. Bailly. On n'a conservé de l'ancien collège que les bâtiments intérieurs de la première cour et une partie de la chapelle. Il occupe actuellement tout l'emplacement occupé autrefois par les collèges du Plessis-Sorbonne (partie nord), de Clermont et de Marmoutiers (partie en façade sur la rue St-Jacques), des Cholets (partie du côté de la rue Cujas) et du Mans (partie est).

En 1792, le collège Louis-le-Grand fut le collège de l'Égalité qui donna une même éducation aux enfants de Brissot, Carrier, Condorcet, Dillon, Louvet, etc. En 1800 ce fut le Prytanée; en 1802, lycée impérial; en 1814, collège royal Louis-le-Grand; en 1848, lycée Descartes; et en 1849, lycée Louis-le-Grand. Parmi les élèves qui ont fait là leurs études nous citerons : Molière, Crébillon, Gresset, Delacroix, Dupuytren, V. Hugo, J. Janin, Littré, Villemain, etc. Robespierre et Camille Desmoulins y firent leurs études sous la direction de l'abbé Baradier.

N° **127**. La bibliothèque de l'École de Droit, à l'angle sud de la rue Cujas et de la rue St-Jacques, occupe, comme nous l'avons dit en parlant de la rue Cujas, l'emplacement de l'ancienne église St-Étienne-des-Grès. En face de cette église se trouvait l'entrée du couvent des Jacobins.

Le couvent de St-Jacques, le premier de l'ordre en France, était situé du côté pair de la rue, au sud de la rue Cujas. Il s'étendait en largeur à peu près depuis cette rue jusqu'au voisinage de la rue Malebranche ; en profondeur il s'étendait depuis la rue St-Jacques jusqu'au boulevard St-Michel. La porte du couvent n'a été détruite qu'en 1866 : elle était située rue St-Jacques, un peu au sud de la rue Cujas. En remontant la rue St-Jacques après cette porte, on trouvait le chevet de l'église, la sacristie et on arrivait aux murs de la ville. Les jardins, l'infirmerie s'étendaient à l'ouest au delà de la rue Victor-Cousin et la fameuse école St-Thomas s'élevait le long du passage Coupe-Gueule (rue Cujas). Quant au clos des Jacobins qui avait été acquis au XIIIe siècle à la suite de différents contrats il s'étendait au sud de la rue Malebranche entre la rue St-Jacques et la rue d'Enfer. (Voir rue Cujas la notice sur les Jacobins.)

N° **172**. Emplacement de la porte St-Jacques de l'enceinte de Philippe Auguste (Inscription). Les troupes de Charles VII entrèrent dans Paris par cette porte en 1436. Elle fut abattue en 1684.

N° **151** *bis*. Hôtel Louis XIV. Jolie façade ornée de mascarons. Balcon et intéressantes fenêtres. Habité par M. Rosny jeune, littérateur.

N° **184. Rue Malebranche** (1646). Sur les anciens fossés de la Ville. S'appela rue St-Thomas en partie et rue St-Hyacinthe du côté de la rue St-Jacques. Nom en 1877 en l'honneur du père Malebranche, philosophe et mathématicien (1638-1715). Les 13 et 15 sont assez intéressants. Au 3, vieille maison.

N° **163** *bis*. Ancien cabaret avec grille : Au Port Salut.

N° **198**. Vieille maison à pignon.

N° **171**. Porte sculptée.

Nº **175**. Vieille maison. Au 206, enseigne moderne des Deux Amis.

Nº **208**. Maison à pignon.

Nº **187**. Restes d'un grand immeuble de style Louis XVI qui s'étendait jusqu'au couvent des Dames de St-Michel avant 1906. Ce bâtiment appartenait avant la Révolution aux Visitandines. La moitié de ce bâtiment a été démoli en 1909.

Nº **218**. Emplacement de la maison où Jean de Meung, dit Clopinel, composa le *Roman de la Rose* (Inscription). La maison où fut publiée la première édition du *Roman de la Rose* par les soins de l'imprimeur Gering était située rue St-Jacques, du côté pair, en face de l'ancien collège des jésuites (maison dite de la Rose).

Nº **193**. Emplacement de l'ancien couvent des Religieuses de la Visitation de Ste-Marie ou Dames Visitandines. L'ordre avait été fondé en 1610 par François de Sales, évêque et prince de Genève, à Annecy. La congrégation vint s'installer à Paris en 1619 sous la conduite de Jeanne de Chantal, d'abord au faubourg St-Marcel, puis au faubourg St-Michel. En 1621 le monastère passa rue de la Cerisaie, et en 1629 rue St-Antoine à l'hôtel de Boissy (17 actuel rue St-Antoine). En 1626 la communauté acheta comme succursale au faubourg St-Jacques la maison de M. Leclerc, conseiller au Parlement, et fit construire par Mansard en 1632 un vaste bâtiment. C'est dans ce couvent qui se trouvait ici, que Mme de Sévigné, petite-fille de la fondatrice Ste-Jeanne de Chantal, venait souvent se retirer et écrire ses lettres; Mme de Grignan y fut élevée. La chapelle fut construite en 1787. Les Visitandines restèrent dans ce couvent de 1626 à 1791. Bien national en 1792. Vendu au citoyen Petit. Les sœurs de Notre-Dame de la

Charité dites Dames de St-Michel, que nous avons vues avant la Révolution installées rue Lhomond, achetèrent le monastère des Visitandines. Par contrat de 1826 entre la Préfecture de Police et les Dames de St-Michel, le couvent devint un auxiliaire de la prison de St-Lazare, et on y plaça les jeunes filles détenues par correction paternelle. Cet état de choses dura jusqu'en 1887, époque où les détenues furent transférées au domaine de la Fouilleuse. Depuis, la maison se consacra entièrement à la réforme des jeunes filles confiées par les familles, ce qui était le but de l'œuvre fondée à Caen en 1641, comme nous l'avons dit en parlant de la rue Lhomond. Les Dames de St-Michel restèrent ici jusqu'en 1906, époque où elles durent aller s'installer à Chevilly. A cette époque une partie des terrains a été achetée par la Ville et par l'Université pour la construction d'un Institut chimique. Tous les bâtiments de l'antique monastère ont été démolis, et c'est avec regret que l'on a vu disparaitre, à cause de l'alignement de la rue St-Jacques en 1908, une petite chapelle qui était en bordure de la rue St-Jacques et que l'on espérait sauvegarder à cause de ses fresques intéressantes. Une généreuse donatrice, Mme Hériot, a fait don à la Ville des boiseries du XVIIᵉ siècle qui ornaient un oratoire situé au premier étage : ces boiseries sont transportées au musée Carnavalet.

Les jardins s'étendaient sur plus de trois hectares jusqu'à la rue d'Ulm et contenaient plusieurs oratoires et un cimetière. Une rue nouvelle, non baptisée encore, a été tracée en 1909 sur ce vaste terrain, séparant les terrains achetés par la Ville de ceux achetés par l'Université et l'Institut océanographique construit en 1909. (Sur la façade de ce nouvel Institut nous voyons l'écusson du prince de Monaco.)

N° **222.** A hauteur de ce numéro la rue St-Jacques est coupée par la **rue Gay-Lussac.** Cette rue a été ouverte en 1859 et a été dénommée en 1864 en l'honneur du chimiste (1778-1850). Le percement de cette rue entre le boulevard St-Michel et la rue Royer-Collard a amené en 1865 la découverte d'un édifice romain qui était un établissement de bains militaires ou publics. Au 1 habite M. Paul Joanne, homme de lettres, ainsi que M. Monnet-Sully sociétaire doyen de la Comédie-Française. Au 26 est une maison originale ornée de cariatides modernes. Au 39 nous voyons le couvent des Dames de l'Adoration réparatrice, dont l'entrée est 36, rue d'Ulm. Au 41 est le Musée pédagogique qui occupe une partie de l'ancien couvent des Ursulines. La majeure partie de ce couvent a été détruite par la rue Gay-Lussac, la rue des Usurlines et la rue Louis-Thuillier. Dans ce Musée pédagogique se trouve le musée des costumes nationaux ou musée de poupées fondé par Mlle Kœnig. (400 poupées portant les costumes des différentes parties de la France.) Au 74, École maternelle municipale.

* N° **252.** Presbytère et église St-Jacques-du-Haut-Pas. L'église fut commencée en 1630 sur l'emplacement d'une chapelle de 1350. Ce fut Gaston d'Orléans qui en posa la première pierre à cette époque. L'église fut longtemps inachevée et ce fut Anne-Geneviève de Bourbon, duchesse douairière de Longueville, qui posa la première pierre de la nef en 1673. L'église fut achevée en 1688, grâce aux largesses des paroissiens et de la duchesse de Longueville. La tour carrée est de Daniel Gittard : elle n'existait pas en 1653 et c'est à tort que l'on a dit qu'à cette époque Blaise Pascal y renouvela ses expériences sur la pesanteur de l'air. L'église fut le Temple de la Bienfaisance en 1793. Cassini y fut inhumé, ainsi que l'abbé Denys Cochin, fondateur de l'hôpital, qui fut curé de la paroisse pendant vingt-six ans et mourut en 1783. Les entrailles de la duchesse de Longueville y furent inhumées en 1679, ainsi que les restes de Jean Duvergier de Hauranne, abbé de St-Cyran, mort en 1643, et du géomètre Lahire, fils du peintre de ce nom.

La chapelle de la Vierge et la chapelle des Catéchismes ont été construites sur l'emplacement de l'ancien cimetière de la paroisse qui s'étendait au chevet de l'église. Ces terrains ont été donnés à la paroisse par la famille de Baudicour. Dans la propriété de M. de Baudicour, qui s'étend du chevet de l'église jusqu'au 91 du boulevard St-Michel, nous voyons la tombe de Colette de Baudicour. En septembre 1908, lors de la construction d'un calorifère dans la chapelle de la Vierge, on a découvert de nombreux ossements et des crânes bien conservés.

Nᵒ 252. A hauteur de l'église St-Jacques-du-Haut-Pas, la rue St-Jacques est traversée par la rue de l'Abbé-de-l'Épée, qui s'appela ruelle St-Jacques-du-Haut-Pas en 1567, puis ruelle du Cimetière-St-Jacques, et quelque temps rue des Deux-Églises. La partie comprise entre la rue St-Jacques et la rue Gay-Lussac date de 1859. Nom actuel en l'honneur de l'inventeur de l'alphabet des sourds-muets (1712-1789). Au 12 était l'entrée de l'ancien cimetière St-Jacques.

Nᵒ 252 *bis*. Clinique otalgique des sourds-muets.

* Nᵒ 254. Ancienne commanderie des Frères Hospitaliers de St-Jacques du Haut-Pas, ordre militaire et religieux. Le berceau de l'ordre était Alto Passo (Haut-Pas), près de Lucques. Les Frères Hospitaliers fondèrent ici à la fin du xivᵉ siècle un hôpital. Couvent de St-Magloire en 1572. Les Pères oratoriens y établirent un séminaire (1618). Institution nationale des sourds-muets, un an après la mort de l'abbé de l'Épée (1790). Les bâtiments ont été reconstruits en 1823 par Peyre. La statue de l'abbé de l'Épée, dans la cour, est de Félix Martin, sculpteur sourd-muet. Elle a été inauguée en 1879. On voit aussi dans la cour le tronc de l'orme qui, dit-on, a été planté par Sully en 1605. (Voir le Musée.)

N° **245. Rue des Ursulines.** Percée au commencement du xıxᵉ siècle sur l'emplacement du couvent des Ursulines qui fut fondé sous la minorité de Louis XIII, par Madeleine Lhuillier, comtesse de Ste-Beuve sur l'emplacement d'un ancien hôtel Saint-André. Le couvent fut supprimé et vendu en 1790. Il s'étendait jusqu'au 10 de la rue Louis-Thuillier où il en reste encore une partie.

N° **253.** Asile de Nuit.

N° **262.** Ancienne vacherie, dite de la Ferme St-Jacques. Vieil escalier en fer forgé. Là se trouvait, depuis 1791, la mairie de l'ancien XIIᵉ arrondissement avant son transfert place du Panthéon. Cette mairie s'étendait jusqu'au 266 qui a été emporté en 1906 par le prolongement de la rue des Feuillantines à l'ouest de la rue St-Jacques.

N° **261.** A hauteur de ce numéro, la rue St-Jacques est coupée par la **rue des Feuillantines.** Ce n'est que depuis 1906 que la rue s'étend à l'ouest de la rue St-Jacques jusqu'à la rue Pierre-Nicole prolongée. La partie qui s'étend à l'est de la rue St-Jacques était jadis le cul-de-sac des Feuillantines et c'est au fond de cette impasse que se trouvait le Couvent des Feuillantines. Ce couvent avait été fondé en 1622 par Anne d'Autriche qui l'installa dans la maison de noble homme Buxant de Cumont. Sous Louis XIV ce couvent servait de bastille aux femmes qui trompaient leurs maris. La présidente de l'Escalopier, qui fut surprise avec le marquis de Vassé, y fut enfermée. L'ordre fut supprimé en 1790 et le couvent vendu en partie. Dans le jardin se cacha le général Laborie impliqué dans la conspiration Moreau. George Sand habita une dépendance de l'ancien couvent ainsi que Madame Hugo mère avec ses enfants. La transformation de l'impasse en rue a fait disparaître toutes les traces du jardin du couvent. V. Sardou habita cette impasse en 1852. Le 10 est un reste des bâtiments de l'ancien couvent. Au 12 se trouvait, il y a peu de temps, un curieux établissement de bains.

Nº **280**. Vieille boutique.

Nº **267**. Vieille boutique de la Providence.

Nº **282**. Dans la cour nous voyons des restes de l'ancien Carmel. Dans le bâtiment où se trouve une tourelle nous voyons un escalier en pierre avec rampe de fer forgé. Dans un autre bâtiment, escalier en bois et balcon en fer forgé que l'on voit bien maintenant de la rue Pierre-Nicole prolongée.

* **Nᵒˢ 269** et **269** *bis*. Maison de la Schola, œuvre fondée pour la restauration de la musique religieuse. Ancien monastère des Bénédictins anglais qui, en 1640, achetèrent là une maison appartenant aux Feuillantines. En 1674 ils y élevèrent des bâtiments nouveaux et une chapelle qui fut achevée en 1677 et consacrée à St Edmund, roi d'Angleterre. Le corps de Jacques II en 1701 et celui de Louise-Marie Stuart, sa fille, en 1712, y furent déposés. En 1793 le cercueil en plomb du dernier des Stuarts fut violé et le corps jeté à la fosse commune. La première pierre des bâtiments fut posée par Marie-Louise d'Orléans qui épousa Charles II d'Espagne.

La maison est encore la propriété des évêques anglais.
Avant d'être occupée par la Schola, la maison était
occupée par l'école Lacordaire. A l'intérieur se trouvent
un beau salon Louis XIV, un bel escalier, un oratoire,
et une chapelle mutilée. Le mur du fond séparait cette
propriété du couvent des Feuillantines. La maison est
occupée par la Schola Cantorum (école de chant), et les
chanteurs de St-Gervais. M. C. Bordes, compositeur de
musique, fondateur de ces deux belles institutions,
logeait ici avant sa mort survenue à Toulon en 1909.

N° **284.** Au fond d'une petite impasse qui portait
encore en 1908 le nom d'impasse des Carmélites nous
voyons une porte entre deux colonnes. C'est aujourd'hui
l'entrée d'une remise de voitures à bras. Au xviie siècle
c'était l'entrée du Carmel et c'est par cette porte que, le
19 mars 1674, Louise de La Vallière, âgée de trente ans,
pénétra dans le couvent pour n'en plus sortir. Après
avoir régné sur le cœur de Louis XIV, elle fut la sacris-
taine du couvent sous le nom de sœur Louise de la
Miséricorde.

*N[os] **277** et **279.** Emplacement du fief du Petit-Bourbon
au commencement du xviie siècle. Congrégation de
l'Oratoire fondée en 1611 par M. de Bérulle. En 1618
cette congrégation alla s'installer presque en face à
St-Magloire (au 254). Anne d'Autriche installa ici les
Bénédictines du Val-Parfond, chassées du faubourg
St-Marceau par un débordement de la Bièvre. Ces
religieuses avaient comme patronne N.-Dame du Val de
Grâce depuis Louis XII. De là le nom de Val-de-Grâce
donné à cette abbaye royale qui devint par la suite
Hospice de la Maternité et Hôpital militaire en 1793.
Louis XIV enfant posa en 1645 la première pierre de
l'église qui fut achevée 1662 (Mansart, Le Muet et Le Duc).

De 1793 à 1827, époque à laquelle elle fut rendue au culte, l'église fut le magasin central des Hôpitaux. Le dôme est la réduction de celui de St-Pierre de Rome. Le Val-de-Grâce est un hôpital militaire et contient depuis 1850 une École d'application du service de santé militaire. (Visiter l'église avec son dôme peint par Mignard, le salon d'Anne d'Autriche, le musée, le caveau mortuaire d'Anne d'Autriche et celui du baron Larrey, etc.). La statue de Broussais, qui habitait le Val-de-Grâce en 1833, a été édifiée en 1840; celle de Larrey, par David d'Angers, date de 1850.

Au 277 actuel est un asile de vieillards tenu par les Petites Sœurs des Pauvres. Au nord du Val-de-Grâce se trouvait encore sous le premier Empire la rue des Marionnettes, qui longeait le Val-de-Grâce et allait de la rue St-Jacques à la rue de l'Arbalète. Au sud de Val-de-Grâce se trouvait la rue des Sansonnets, qui allait de la rue St-Jacques à la rue des Bouguignons et qui a été absorbée par le boulevard de Port-Royal.

Nº **298.** Emplacement d'une ancienne caserne de Gardes françaises. La maison qui l'avait remplacée a été démolie en 1909.

N° **300. Rue du Val-de-Grâce** (1811). Ouverte sur les terrains de l'ancien couvent des Carmélites. On a découvert au 6 en 1882 une plaque de marbre, d'après laquelle Louis XV défendait de bâtir plus loin. D'après l'édit de 1724, pour empêcher l'abandon du centre de la ville il fut défendu à toute personne de construire une maison à porte cochère dans les faubourgs. La démolition du 8 *bis* en 1907 pour le prolongement de la rue Pierre-Nicole a amené la découverte de catacombes et de pierres tombales. Au 6 actuel habitent M. C. A. Lenoir, artiste peintre et M. Marius Vachon, l'historien de l'Hôtel de Ville de Paris. On a démoli en 1909 les numéros 2 et 4, et ces maisons, dit-on, ne seront pas reconstruites : de cette façon pourra être créée en face du Val-de-Grâce la place semi-circulaire prévue par Mansart.

Nᵘ **283**. Enseigne peinte de charbonnier.

N° **322**. Vieille maison ainsi qu'au 287.

N° **289**. Fut bâti par Catherine de Médicis. Ancienne dépendance du Val-de-Grâce. Passe pour avoir été la résidence de la duchesse de Longueville. Distribué en hôtel particulier sous Louis XV, il fut, dit-on, habité par Mme Du Barry (?). Vendu comme propriété nationale. Pensionnat Longchamp. Aujourd'hui lavoir. Cette maison, ainsi que toutes celles des alentours, sont construites sur les catacombes.

N° **293**. Vieille maison.

N° **334**. Jolie statuette décapitée de la Vierge.

N° **297**. Maison ancienne ainsi qu'au 303.

N° **344**. **Rue Fustel-de-Coulanges**. Cette rue nouvelle (1908) a absorbé dans sa partie ouest l'impasse Nicole.

Boulevard de Port-Royal (côté pair).

A absorbé la rue de Bourbe, la rue des Capucins ouverte sur l'ancien Champ des Capucins et la rue des Bourguignons qui allait de la rue de Lourcine à la rue de la Santé.

N° **4**. Emplacement d'un cimetière gallo-romain chrétien.

N° **50**. **Rue Flatters**. Nom en 1884 en l'honneur du colonel Flatters (1832-1881) massacré par les Touaregs.

N° **72**. Emplacement de la maison où mourut le diacre

Pâris, maison qui était située rue des Bourguignons. Du 72 jusqu'à la rue St-Jacques le boulevard longe les grands jardins du Val-de-Grâce.

Nᵒ **86.** Maison moderne ornée de médaillons.

Nᵒ **90. Rue Pierre-Nicole.** Créée en 1864 sur les jardins de l'ancien couvent des Carmélites. En 1868 elle s'appela rue Nicole en souvenir du théologien de Port-Royal (1625-1695). Récemment elle est devenue rue Pierre-Nicole et en 1907 elle a été prolongée au delà de la rue du Val-de-Grâce jusqu'à la rue des Feuillantines sous le nom de **Rue Pierre-Nicole-prolongée.** Le Marché Nicole ou du Port-Royal est de 1875. Il se trouve, ainsi qu'une partie de la rue Pierre-Nicole, sur l'emplacement d'un cimetière romain qui était mixte : on y brûlait et on y enterrait les morts.

Au 17 *bis*, nous voyons l'oratoire, dit de Mlle de La Vallière. Nous savons que cette dernière resta au Carmel les trente-six dernières années de sa vie sous le nom de sœur Louise de la Miséricorde. Cet oratoire était sans doute une station érigée dans le jardin des Carmélites. La porte est surmontée d'un gracieux arc sculpté et c'est maintenant une simple maison d'habitation. Au 9, est l'école maternelle Ste-Eugénie. Au 4, église évangélique St-Marcel (1908).

La rue Pierre-Nicole prolongée est sur l'emplacement du jardin du dernier couvent du Carmel. Elle est située au-dessus de la crypte du couvent. Du côté pair, nous voyons les bâtiments de l'ancien couvent, et au 10 l'école Lavoisier. Du côté impair nous avons une vue intéressante sur le derrière des vieilles maisons de la rue St-Jacques.

Rue Denfert-Rochereau.

(Partie comprise depuis le boulevard de Port-Royal jusqu'au boulevard St-Michel.)

C'était jadis la voie inférieure (via Infera), au temps de la domination romaine. Au XIIIᵉ siècle, elle s'appelait rue d'Enfer. Elle s'appela également rue Vauvert, rue de la Porte-Gibart dans sa partie basse, rue des Chartreux. Nom actuel en 1879, par suite d'un jeu de mots administratif qui changea le vieux nom de la rue d'Enfer en celui de Denfert-Rochereau, en mémoire du colonel défenseur de Belfort (1823-1878). On a dit que le vieux nom d'Enfer provenait du tintamarre d'enfer que les diables faisaient dans l'hôtel Vauvert, jadis lieu de plaisance élevé par Robert II, fils de Hugues Capet. Lorsque les Chartreux s'installèrent dans cet hôtel Vauvert ils s'engagèrent à faire cesser ce tintamarre. De cette légende vient l'expression : Envoyer les gens au diable Vauvert, puis au diable vert, c'est-à-dire très loin. Une grande partie de la rue a été absorbée par le boulevard St-Michel.

Le prince régnant de Salm-Kyrburg avait son hôtel rue d'Enfer en 1770. Celui du maréchal de Navailles était au 27. Mme Cabanis (Charlotte de Grouchy) mourut au 44 (ancien). Le maréchal Lefebvre logeait en 1815 et 1816 au 32 (ancien). Royer-Collard habitait le 20 (ancien) en 1829-1833. Jouffroy était au 37 (ancien) en 1839. Berthollet habita également la rue. L'atelier de Rude, où Carpeaux fut élève, y était situé. Le poète Gabriel Vicaire mourut au 25 actuel en 1900.

Nº **44.** École paroissiale de St-Jacques.

Nº **25.** Ancien couvent des Carmélites. Quelques

auteurs ont vu là, à tort probablement, l'emplacement
d'un ancien temple consacré à Mercure suivant les uns,
ou à Cérès suivant les autres. Cette tradition venait
d'une figure qui, depuis 1605, était placée en haut d'un
pignon. Sur cette figure se trouvaient des pointes de fer
destinées à la garantir, et c'est pourquoi on la prenait
généralement pour une Cérès couronnée d'épis de blés.
Cette prétendue Cérès était en réalité une figure de
St Michel, et, d'après l'abbé Lebœuf, il se trouvait ici
primitivement un sanctuaire dédié à St Michel, sanctuaire érigé à proximité d'un cimetière public, et qui fut
remplacé au vıᵉ siècle par le sanctuaire dit de Notre-
Dame-des-Champs. Ce sanctuaire s'élevait au-dessus
d'une crypte qui existe toujours et qui fut sans doute
la première station de prédication de St Denis. Le
sanctuaire de Notre-Dame-des-Champs était desservi
dès le Xᵉ siècle par quelques moines de Marmoutiers
qui s'y établirent définitivement en 1084. Ils y fondèrent
un prieuré qui fut gratifié des libéralités de Louis VI et
de Louis VII, et où ils hébergèrent les frères prêcheurs
appelés plus tard les Jacobins, lorsque ceux-ci vinrent
à Paris en 1220. En 1342, Foulques de Chanac fut sacré
évêque dans l'église Notre-Dame-des-Champs, mais le
monastère qui avait été construit au xııᵉ siècle perdit
peu à peu de son importance et, au xvııᶜ siècle, passa
aux Carmélites.

L'ordre religieux des Carmes avait été fondé au début
du xııᵉ siècle en Palestine, mais il était tombé dans un
grand état de relâchement. La réforme en fut entreprise
par Ste Thérèse d'Avila au xvıᵉ siècle. Ce fut cette dernière qui, en somme, fonda le nouvel ordre des Carmélites qui eut bientôt de nombreux couvents en
Espagne. La princesse de Longueville, encouragée par

le cardinal de Bérulle, fut la fondatrice du monastère de Paris et on choisit pour l'établissement des religieuses l'ancien prieuré de Notre-Dame-des-Champs (1603). Les religieux de Marmoutiers se retirèrent et leur prieuré fut transféré en 1603 au collège de Marmoutiers où il subsista jusqu'en 1671, époque où il fut réuni au séminaire d'Orléans.

Mme Acarie (sœur Marie de l'Incarnation), femme d'un ancien maître des comptes qui fut un ligueur célèbre, s'occupa de la transformation de l'établissement qui fut rebâti de fond en comble. Les cellules furent construites d'après les plans envoyés de Tolède et, en 1605, les religieuses venues d'Espagne s'intallèrent dans le nouveau couvent, dit de l'Incarnation. Par une bulle de 1603, ce couvent était devenu le chef de tous ceux du même institut et de la même réforme. Il fut agrandi en 1630 et, en 1639, on construisit un noviciat grâce à la princesse de Condé et à sa fille Anne-Geneviève de Bourbon qui fournirent les fonds. Grâce aux libéralités de Marie de Médicis, l'antique église du Prieuré de N.-Dame-des-Champs, qui avait été conservée en partie, fut restaurée et magnifiquement décorée par Philippe de Champaigne, Stella, Sarrazin, Lebrun, etc. Le couvent des Carmélites jouissait d'une grande réputation de sainteté et on construisit dans son voisinage des maisons pour mourir dans la céleste société des Carmélites et être enterré dans leur cimetière. Une de ces maisons fut construite par la duchesse de Longueville, sœur du grand Condé et elle y mourut en 1670; une autre par la princesse Palatine qui y mourut en 1685 et le cimetière des Carmélites était peuplé de noms célèbres. Nous avons dit ailleurs que Mlle de La Vallière se retira dans ce couvent en 1674, en y prenant le voile

sous le nom de sœur Louise de la Miséricorde : elle y
mourut en 1710. Avant la Révolution le couvent s'étendait jusqu'à la rue St-Jacques et l'enclos allait depuis le
couvent de St-Magloire (Institution des Sourds-Muets)
jusqu'à la rue de Bourbe (boulevard de Port-Royal). Le
couvent fut supprimé en 1790, vendu nationalement et
démoli ainsi que l'église en 1797.

En 1802 quelques Carmélites rachetèrent une portion
de leurs anciens terrains en bordure de la rue d'Enfer
et y établirent un nouveau couvent, bien plus petit que
leur ancienne propriété. Le reste de l'enclos fut absorbé
par le percement de la rue du Val-de-Grâce en 1811,
par la rue Nicole en 1864 et par la construction de maisons particulières. La chapelle du nouveau couvent fut
construite au commencement du xixᵉ siècle et reconstruite en 1899 dans le style ogival du xiiiᵉ siècle. On
retrouve quelques parties de l'ancien hôtel du prieur à
l'entrée de l'église actuelle. Les Carmélites ont été
exilées de nouveau en 1901 et le couvent a été racheté
par un particulier. Il doit, dit-on, être démoli et la rue
Pierre-Nicole prolongée est déjà venue absorber une
partie de son jardin. La nouvelle chapelle, qui sert
actuellement à un patronage, doit être conservée ainsi
que la crypte.

La crypte, qui avait été le point de départ du sanctuaire de Notre-Dame-des-Champs, fut comblée pendant
la Révolution par les démolitions de l'ancienne église
du Prieuré qui était située au-dessus; elle a été
déblayée au retour des Carmélites, restaurée en 1839
et remise à neuf en 1899. En 1895 on a placé dans cette
crypte assez profonde et qui s'étend sous la rue
Pierre-Nicole prolongée, une inscription à l'entrée d'un
caveau qui contient de nombreux ossements. Dans

l'ancienne église avaient été inhumés la duchesse de
Longueville, le duc de Montausier et Julie d'An-
gennes, les historiens François Vautier et Antoine
Varillas, etc. Cette belle église possédait le magnifique
tombeau du cardinal de Bérulle qui fut le premier supérieur général des Carmélites. Ce tombeau, œuvre de
Pierre Sarrazin, après avoir été au moment de la Révolution et jusqu'en 1815 au musée des Petits-Augustins,
fut racheté à cette époque par Mme de Bérulle et donné
au nouveau couvent. Il fut pendant longtemps dans la
nouvelle chapelle et il est actuellement au Louvre.

N° **19**. Emplacement de l'hôtel du duc de Chaulnes
(1775), colonel puis physicien distingué. Aujourd'hui
école municipale Lavoisier. L'hôtel de Chaulnes s'étendait du 19 au 23.

N° **18** *bis*. Dans la cour maquette de la statue égyp-
tienne de la rue de Sèvres. Le sculpteur Gechter qui en
fut l'auteur habitait ici. Nous voyons aussi dans cette
cour les restes d'une grille provenant, dit-on, des Chartreux. La maison est habitée par M. Luc Olivier-Merson,
artiste peintre, membre de l'Institut.

N° **8**. Hôtel moderne. Bas-reliefs.

N° **1**. Inscription encastrée dans le mur : Regard des
eaux d'Arcueil à l'usage des sourds-muets, réédifié
en 1846.

Boulevard St-Michel (côté impair).

Le boulevard St-Michel se termine au nord à
l'**Avenue de l'Observatoire**, dont une petite partie
du côté impair est comprise dans le Ve arrondissement.
Dans cette partie comprise entre le boulevard de Port-
Royal et le boulevard St-Michel se trouve, au 33, le bal

Bullier (1848), jadis Closerie des Lilas, et antérieurement la Chartreuse

Nº **115**. Habité par M. Aman-Jean, artiste peintre.

Nº **105**. Emplacement avant la Révolution de l'ancien noviciat des Feuillants, dit des Anges-Gardiens, dont la première pierre avait été posée en 1633 par Pierre Séguier, garde des Sceaux. En face de ce numéro se trouvent les statues de Pelletier et de Caventou, pharmaciens qui découvrirènt la quinine. Ce monument, œuvre du sculpteur E. Lormier, a été élevé en 1900 par souscription internationale.

Nº **95**. Ici a vécu et est mort en 1891 le compositeur César Frank.

Nº **91**. Façade assez intéressante. (Perron. Bas-reliefs.) Cette propriété de M. de Baudicour est sur l'emplacement du jardin des Feuillants. Le fond de la propriété est sur l'emplacement d'une partie de l'ancien cimetière St-Jacques.

Nº **79**. Habité par M. Jean Mouliérat, de l'Opéra-Comique.

Nº **77**. Jules Vallès y mourut en 1885. Ses obsèques donnèrent lieu à des bagarres terribles.

Nº **71**. **Rue Royer-Collard** (1550). S'appela, avant 1846, rue St-Dominique-d'Enfer. Doit son nom actuel au philosophe et homme politique (1763-1845) qui habita et mourut en face, rue d'Enfer, une maison qui fut celle de la maréchale Lannes et du comte Béranger, pair de France. Le chirurgien Broussais est mort dans cette rue à l'ancien 22 en 1838. Au 4, ancien hôtel ainsi qu'au 9. La cour du 10 est intéressante. Le 12 est ancien ainsi que le 11. Au 15 se trouve l'**impasse Royer-Collard** (1590), jadis impasse St-Dominique avant 1846. On a découvert dans cette impasse de nombreuses poteries gallo-romains. Dans l'impasse, au 9, se trouve l'institution Lelarge fondée en 1841.

N° **66**. Gare de Sceaux (1894) sur l'emplacement de l'ancien café Rouge.

N° **63**. Habité par M. Paul Mounet, de la Comédie-Française.

N° **57**. Habité par M. A. Mézières, membre de l'Académie française.

N° **47**. Café d'Harcourt. Nuger y fut tué par un porte-allumettes en fonte, lancé lors de la bagarre des étudiants au sujet de la condamnation du bal des Quat-z-Arts (1892).

Le boulevard St-Michel aboutit à la **place St-Michel** dont le côté Est seul, est compris dans le Ve arrondissement. (Voir le VIe arrondissement.)

RÉPERTOIRE ALPHABÉTIQUE

DES RUES DU Vᵉ ARRONDISSEMENT

Abbé-de-l'Épée (de l'), 143.
Amyot, 125.
Anglais (des), 18.
Arbalète (de l'), 132.
Archevêché (pont de l'), 28.
Arènes (des), 93.
Arênes-de-Lutèce (sq. des), 93.
Arras (d'), 90.
Austerlitz (pont d'), 116.

Basse-des-Carmes, 77.
Bazeilles (de), 120.
Bernardins (des), 32.
Berthollet, 134.
Bièvre (de), 27.
Blainville, 124.
Bœufs (imp. des), 78.
Bordeaux (de), 115.
Boulangers (des), 91.
Boutebrie, 9.
Bouvart (imp.), 71.
Broca, 120.
Bucherie (de la), 21.
Buffon, 112.

Candolle (de), 100.
Cardinal-Lemoine (du), 47.
Cardinal-Lemoine (cité du), 48.
Carmes (des), 76.
Censier, 102.

Champagne (de), 115.
Champollion, 63.
Chantiers (des), 48.
Chartière (imp.), 69.
Chat-qui-pêche (du), 6.
Cimetière-St-Benoist (du), 68.
Claude-Bernard, 133.
Clef (de la), 104.
Clopin (imp.), 80.
Clopin, 49.
Clos-Bruneau (pass.), 77.
Clotaire, 135.
Clotilde, 53.
Clovis, 81.
Cluny (de), 39.
Cluny (jardin de), 43.
Cochin, 32.
Collégiale (de la), 119.
Contrescarpe (pl. de la), 124.
Côte-d'Or (de la), 115.
Courcelle-Seneuil, 131.
Cujas, 58.
Cuvier, 112.

Dante, 19.
Daubenton, 100.
Denfert-Rochereau, 150.
Descartes, 79.
Dolomieu, 89.
Domat, 18.

Double (pont au), 24.
Du Sommerard, 40.

Eaux-de-vie (préau des), 115.
École-Polytechnique (de l'), 78.
Écoles (des), 35.
Écosse (imp. d'), 71.
Épée-de-Bois (de l'), 98.
Essai (de l'), 118.
Estrapade (place de l'), 53.
Estrapade (de l'), 52.

Fer-à-Moulin (du), 106.
Feuillantines (des), 144.
Flatters, 148.
Fossés-St-Bernard (des), 115.
Fossés-St-Jacques (des), 135.
Fossés-St-Marcel (des), 118.
Fouarre (du), 19.
Fromentel, 68.
Fustel-de-Coulanges, 148.

Galande, 16.
Gay-Lussac, 142.
Geoffroy-St-Hilaire, 108.
Gobelins (av. des), 119.
Gracieuse, 97.
Grand-Préau, 115.
Grands-Degrés (des), 26.
Graves (de), 115.
Gril (du), 102.
Guy-de-la-Brosse, 114.

Harpe (de la), 7.
Haut-Pavé (du), 24.
Hôpital (boul. de l'), 116.
Hôtel-Colbert (de l'), 20.
Huchette (de la), 6.

Irlandais (des), 127.

Jean-de-Beauvais, 44.
Jussieu (place), 114.
Jussieu (de), 114.

Lacépède, 94.
Lagarde, 131.
Lagarde (square), 131.
Lagrange, 20.
Languedoc (du), 115.
Lanneau (de), 70.
Laplace, 75.
Laromiguière, 125.
Larrey, 89.
Latran (de), 45.
Le-Goff, 57.
Lhomond, 126.
Linné, 114.
Louis-Thuillier, 135.
Lyonnais (des), 134.

Maître-Albert, 26.
Malebranche, 139.
Malus, 89.
Marcellin-Berthelot (place), 37.
Marché-aux-Chevaux (imp. du), 108.
Marché-des-Patriarches (du), 100.
Maubert (imp.), 25.
Maubert (place), 24.
Maurel (pass.), 117.
Mirbel (de), 104.
Monge (place), 89.
Monge, 87.
Monge (square), 88.
Montagne-Ste-Geneviève (de la), 86.
Montebello (quai de), 23.
Mouffetard, 120.

Navarre (de), 93.
Nicolas-Houël, 117.

Observatoire (av. de l'), 154.
Ortolan, 123.

Paillet, 57.
Panthéon (place du), 53.
Parcheminerie (de la), 8.

Pascal, 120.
Patriarches (pass. des), 99.
Patriarches (des), 99.
Pestallozzi, 89.
Petit-Moine (du), 119.
Petit-Pont (le), 14.
Petit-Pont (place du), 14.
Petit-Pont (du), 14.
Photographie (imp. de la), 89.
Pierre-Nicole, 149.
Pierre-Nicole-prolongée, 149.
Pitié (de la), 101.
Plantes (jardin des), 109.
Poissy (de), 30.
Poliveau, 117.
Pontoise (de), 31.
Port-Royal (boul. de), 148.
Postes (pass. des), 132.
Pot-de-Fer (du), 123.
Préau-des-Eaux-de-Vie, 115.
Prêtres-St-Séverin (des), 9.
Puits-de-l'Ermite (place du), 98.
Puits-de-l'Ermite (du), 97.

Quatrefages, 95.

Rataud, 129.
Rollin, 91.
Royer-Collard (imp.), 155.
Royer-Collard, 155.

Salembière (imp.), 13.
Santeuil, 102.
Scipion, 106.
Scipion (place et square), 107.
Sorbonne (pass. de la), 67.
Sorbonne (place de la), 61.
Sorbonne (de la), 64.
Sorbonne (square de la), 39.
Soufflot, 57.

Sully (pont de), 116.
St-Bernard (port), 116.
St-Bernard (quai), 116.
St-Étienne-du-Mont, 86.
Ste-Geneviève (place), 84.
St-Germain (boul.), 46.
St-Jacques, 136.
St-Julien-le-Pauvre, 15.
St-Marcel (boul.), 117.
St-Médard, 123.
St-Médard (square), 122.
St-Michel (boul.), 154.
St-Michel (place), 156.
St-Michel (pont), 5.
St-Michel (quai), 5.
St-Séverin, 12.
St-Victor, 34.

Thénard, 39.
Thouin, 51.
Toullier, 57.
Touraine (de), 115.
Tournefort, 124.
Tournelle (port de la), 28.
Tournelle (pont de la), 28.
Tournelle (quai de la), 27.
Trois-Portes (des), 21.

Ulm (d'), 134.
Ursulines (des), 144.

Val-de-Grâce (du), 147.
Valence (de), 120.
Valette, 72.
Valhubert (place), 116.
Vauquelin, 131.
Vesale, 119.
Victor-Cousin, 60.

Zacharie, 5.

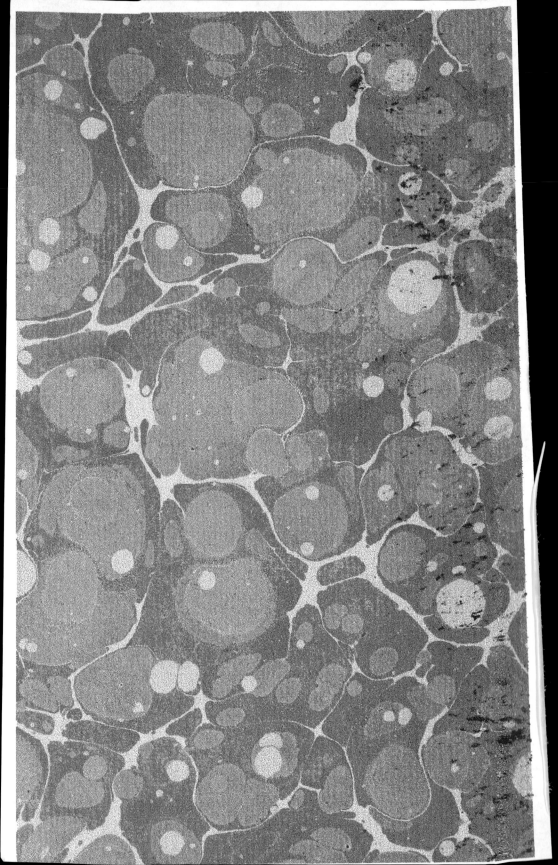